Collection « Coup de Gueule »
dirigée par Jean-Claude Gawsewitch

Du même auteur

La Fabrique du crétin
À bonne école
Une école sous influence

FIN DE RÉCRÉ

130, rue de Rivoli
75001 Paris
www.jcgawsewitch.com

ISBN : 978-2-35013-121-4

Jean-Paul Brighelli

FIN DE RÉCRÉ

Pour une refondation de l'école

Jean-Claude Gawsewitch Éditeur

À mes enfants, qui n'ont pas tout à fait échappé à la Fabrique...
Et à tous les enfants à venir, qui peut-être y échapperont.

« La cloche ou le sifflet marquent la fin des jeux et le retour à un ordre plus sévère : et la pratique enseigne qu'il n'y faut point un insensible passage, mais au contraire un total changement, et très marqué dans les apparences. L'attention est élevée d'un degré : elle ne cherche plus alors quelque plaisir à lécher, comme font les chiens ; elle n'est plus gourmandise ; elle est privation, patience, attente qui regarde au-dessus de soi. »

ALAIN

Avant-propos

> « L'intelligence est pessimiste ; et la volonté, optimiste. »
>
> ANTONIO GRAMSCI

« Tout le mal qu'on dit de l'école nous cache le nombre d'enfants qu'elle a sauvés des tares, des préjugés, de la morgue, de l'ignorance, de la bêtise, de la cupidité, de l'immobilité ou du fatalisme des familles [1]. »

Certes. Mais l'auteur de *Chagrin d'école*, aujourd'hui retraité de l'Éducation, parle là d'une école en passe d'être révolue – l'école qui a sauvé le cancre Pennachioni Daniel et en a fait Daniel Pennac, récemment entré dans *Le Robert* et *Le Petit Larousse*. Cette même école qui, trois décennies auparavant, avait tiré le petit Camus Albert des quartiers pauvres d'Alger pour en faire un prix

1. Daniel Pennac, *Chagrin d'école*, Gallimard, 2007.

Nobel de littérature. Une école pour laquelle il n'y avait pas de fatalité, et qui créait des Égaux en exaltant le mérite. Elle faisait les capitaines de la République, sans mépriser ses soutiers.

L'école moderne, ou plutôt l'école « modernisée » au nom de cette idéologie de l'égalitarisme qui a prononcé le divorce de l'instruction et de l'éducation en donnant tous les torts à la première, ne sauve plus grand monde, sinon ceux qui sont nés à l'abri. Elle s'incline devant les tares, qualifie les préjugés d'« idées originales », encourage toutes les vanités d'un Moi à peine pubère, au nom de la « libre expression », fait de l'ignorance vertu, de la bêtise la norme, et, proclamant le droit de s'enferrer dans sa « différence culturelle », permet aux plus déshérités de s'enfermer dans leur ghetto.

Exagération ? Polémique gratuite ? Pas même. Les programmes issus de la révolution pédagogique ont abîmé l'école de la République, au point que les rejetons du baby-boom qui y envoient aujourd'hui leurs enfants ou leurs petits-enfants ne reconnaissent plus cette institution défigurée par les meilleures intentions. Et combien d'entre eux, même laïques jusqu'au bout des convictions, ne les y envoient plus ! En croyant privilégier l'autonomie et la libre « expression », l'École moderne proclame bien haut le droit à une différence culturelle que personne ne lui avait demandée, et permet gracieusement aux familles déshéritées de ne jamais avoir leur part des richesses communes.

« Mort programmée de l'école »... Ainsi pensais-je il y a trois ans quand j'écrivais *La Fabrique du crétin*[2]. Le système éducatif me paraissait être en coma dépassé. « L'école se meurt, l'école est morte », parodiais-je – la rage au cœur...

Il y a dans tout désespoir une part de pose. J'étais l'imprécateur, je relayais à voix haute ce que tant de parents, de grands-parents, de professeurs – et d'élèves – pensent tout bas, pestant en vain. C'était la dernière charge, le (beau) geste ultime. Et, en même temps, l'annonce d'une lutte à mort. Je refusais, avec d'autres, de me laisser gangrener par le pessimisme, l'« à quoi bon », qui ont l'un et l'autre tracé la voie aux fossoyeurs de la transmission. *À bonne école* et *Une école sous influence*[3] sont nés de cette révolte, de ce refus du fatalisme, refus de laisser l'école accablée de bonnes intentions, refus de l'abandonner sans combattre aux barbares encouragés par le pseudo-respect des « racines », la culpabilité post-coloniale, et autres fariboles *ejusdem farinae*.

Après le cri de douleur, après les protestations peut-être trop véhémentes, est venu le temps de la reconstruction. Un nouveau ministre n'affiche-t-il

2. *La Fabrique du crétin*, Jean-Claude Gawsewitch Éditeur, 2005.
3. *À bonne école*, Jean-Claude Gawsewitch Éditeur, 2006. *Une école sous influence*, Jean-Claude Gawsewitch Éditeur, 2006.

pas depuis quelques mois une volonté nette de refonder l'école, conformément aux suggestions d'une pétition récente [4] ?

Chiche !

Ce livre est donc autant un recueil d'analyses qu'un répertoire de propositions. D'aucuns les trouveront provocantes, comme d'habitude, ou insuffisamment audacieuses. Si mes idéaux restent les mêmes (et ils peuvent se résumer en un seul mot, l'un des plus beaux de la langue française : « humanisme »), quelques années de lutte quotidienne contre les pesanteurs du système, les invectives des idéologues, les menaces de quelques institutionnels acharnés (« Nous nous occuperons de vous lorsque nous serons revenus au pouvoir », me susurra un jour un Inspecteur général qui semblait sincèrement penser que Ségolène Royal était de gauche), ou le découragement de certains collègues, m'ont appris à composer avec la réalité, sous peine de la voir s'imposer sans nuance. Bref, c'est ici le livre, comme dit ailleurs Aimé Césaire, de l'*utopie refondatrice* – qui est en même temps utopie pratique. Aucune transaction sur les principes, mais toute la souplesse nécessaire pour modifier le réel sans s'y fracasser : le vrai pragmatisme, c'est l'imagination au pouvoir. Entre état des lieux et rêve éveillé d'une autre École, ce livre compose un corps de

---

4. http://www.refondation-ecole.net/

propositions réalistes, niveau par niveau, de la maternelle à l'université, sans oublier la formation des maîtres.

J'espère que l'on me pardonnera d'avoir, pour cette fois, abandonné les joies simples mais un peu primitives de la polémique, pour le style moins chatoyant du *programme*. À l'invective, qui regarde trop volontiers en arrière, j'ai préféré la prose assagie de la *proposition*, qui va de l'avant. J'ai voulu rêver demain, avant que l'avenir ne nous soit tout à fait barré. Tant pis pour la nostalgie, juchée en vain sur son sarcasme comme Prométhée sur son rocher. Je n'ai gardé d'hier que ce qui me paraissait précieux, et irremplaçable. Tant mieux pour demain, qui, pour la première fois depuis longtemps, me paraît porteur de promesses. C'est à ce retour vers le futur que je convie le lecteur : ce livre est une première pierre, et c'est à nous tous de (re)bâtir l'école du futur.

Chapitre 1

Retour à Babel

« C'est cela que je redoute : que la situation soit dégradée à un point tel que la charge de professeur ne soit plus perçue ni vécue comme un métier humaniste mais comme un sacerdoce humanitaire. »

ALAIN FINKIELKRAUT [1]

« Universalité de la langue française », disait Rivarol : j'ai peur que l'utopie du XVIIIe siècle, l'adéquation rêvée des mots aux idées, n'ait vécu. Professeur de français, j'ai, comme nombre de mes collègues, l'impression d'enseigner une langue étrangère. Et depuis peu fleurissent sur Internet des traductions du langage SMS en français courant

1. Alain Finkielkraut (dir.), *La Querelle de l'école*, Stock-Éditions du Panama, 2007.

– des dictionnaires français-français. Serions-nous devenus fous ?

Que faire ? Je ne traiterais que des textes contemporains, je renoncerais, comme le souhaite Gérard Aschieri[2], à toute littérature antérieure aux *Petits Enfants du siècle*[3], que ce sentiment d'étrangeté ne serait guère différent. Il faut être Bégaudeau pour s'extasier devant le bredouillage de ses élèves. Mais comment peut-on être Bégaudeau ?

Les mots que j'utilise ici même, mes tournures de phrase, ma syntaxe, ma rhétorique (toutes choses que j'ai apprises en classe) ont une forme, une complexité et des arrangements qui sidèrent des générations instruites dans le borborygme. La vraie déconstruction, elle n'est pas dans ccs universités américaines où enseignait Derrida, elle est là, dans ce français rompu, tenaillé, écartelé, que parlent tant de nos élèves.

Tous ? Sans doute quelques villages d'irréductibles puristes résistent-ils encore, sur la montagne Sainte-Geneviève et ailleurs, à l'envahisseur barbare d'outre-Périphérique. Mais je ne me bats pas pour les élèves du lycée Henri IV, qui se défendent bien

---

2. Dans *Éducation nationale : un grand corps malade*, un documentaire d'Emmanuel Amara, Canal Plus-Bonne Compagnie, septembre 2007.

3. J'ai un léger remords de mêler Christiane Rochefort, qui était un écrivain de valeur, aux ratiocinations du leader charismatique de la FSU. Mais dans la réalité, nous savons tous que le collégien idéal du SNES n'étudie plus un livre antérieur au *Gone du Chaâba*, comme nous le verrons plus loin.

tout seuls. Non : je me bats pour ces pauvres gosses sommés de parler la langue des gangs sous peine de passer pour des « bouffons ». La langue black-blanc-beur.

Par parenthèse, la hiérarchie au sein des cités les plus ghettoïsées est plutôt black-beur-blanc (mais les danseurs de la troupe B3, inventeurs du sigle, ont sans doute trouvé que « beur-blanc » avait un arrière-goût). Dans *Mauvaise Langue*[4], Cécile Ladjali cite l'analyse de l'une de ses élèves du 9-3, comme on dit quand on ne sait pas prononcer ou écrire « Seine-Saint-Denis » : « Dans la cité il y a trois clans... En haut de la pyramide, il y a les Blacks, ils sont les plus forts. C'est eux qui parlent et qu'on écoute. Au milieu, il y a les Beurs. Ils suivent le mouvement. En bas, il y a les Blancs, ceux qui ne peuvent pas habiter dans le quartier pavillonnaire. Pour eux c'est très dur. Moi, je parle avec cet "accent black" pour ne pas passer pour une "bouffonne de Blanche". »

J'entends déjà s'élever le chœur des pleureuses de la bien-pensance, ces belles âmes amidonnées qui ont, au nom du politiquement correct, étêté les idées pour ne garder que les lieux communs. Pour parodier l'admirable Jacques Decour face aux Français qui allaient le fusiller : « Imbéciles, c'est pour vous que j'écris ! »

---

4. Seuil, 2007.

Une langue ? Quelques centaines de mots torturés (à l'écrit comme à l'oral, le SMS remplissant désormais l'espace entre ces deux pôles traditionnels). Des mots monosyllabiques, pour la plupart. Toute langue réduite correspond à une pensée atrophiée. *Le Petit Larousse* est entre les mains des Jivaros. Le graffiti (pardon : le graf') est la trace écrite, le signe jeté sur le mur, de cette langue en lambeaux qui se hurle à tout bout de champ, et à laquelle on substitue les poings dès que le mot manque – tout le temps. Dans *Full Metal Jacket*, Stanley Kubrick mettait en scène un sergent instructeur de « Marines » qui hurlait en permanence, et forçait son peloton à beugler à l'unisson : les décerveleurs savent depuis longtemps que la maîtrise du sens est inversement proportionnelle au volume sonore, et que celui qui crie, par définition, n'entend rien. Le fascisme naît dans le guttural hululé.

Cette langue est bien une langue de la violence, une langue perpétuellement en colère – à laquelle correspond la mimique figée, la grimace hargneuse de ces enfants en déshérence, sourcils froncés, bouche crispée. Cette violence, on peut la diriger contre soi (nous avons l'un des plus forts taux de suicide en France chez les moins de vingt-cinq ans, en hausse, particulièrement chez les garçons), ou contre autrui. À commencer par ceux que l'on a sous la main, dans son quartier, et dont on va brûler en priorité les voitures : la langue cannibale se fortifie dans l'auto-dévoration... Confinés dans leurs ghettos et leurs cages à poules mentales, les jeunes n'ont plus besoin de personne pour élever chaque jour plus haut les murs de leur monde carcéral. Les mettre en prison ? Mais ils y sont déjà !

À quelqu'un qui voudrait toucher du doigt la différence entre la langue française et le sabir des banlieues, et s'interrogerait sur la possibilité de réduire cette fracture linguistique, je recommanderais d'aller voir *L'Esquive*, le film d'Abdellatif Kechiche.

« Comment ? *L'Esquive*, vous êtes sûr ? Mais j'ai essayé, je n'ai pas résisté au premier quart d'heure... »

Justement. Ce qui frappe le plus l'adulte non informé dans ce film, c'est, dès les premières minutes, le niveau de violence et de pauvreté langagière des jeunes interprètes, qui n'en sont pas encore à parler la langue de Marivaux[5]. Il faut s'accrocher pour entendre ce qui se dit dans ce premier quart d'heure. Mais on saisit, cependant, non le détail de ce qui se raconte, mais ce qui s'exprime : la violence, la colère perpétuelle et,

---

5. Le sujet du film est la répétition par des jeunes, caricaturaux à force d'être authentiques, du *Jeu de l'amour et du hasard* de Marivaux.

au fond, le désarroi. Puis on s'aperçoit que Marivaux peu à peu contamine ces jeunes gens, les polit, et donne forme au magma.

Et on voudrait répudier les classiques ?

Illusion suprême : on prétend faire étudier précocement une langue étrangère à des gamins qui ne parlent pas même la leur ! Anglais, allemand ou chinois, aucun risque que les barbares le parlent un jour, leur langue à eux est déjà fracassée.

Qui ne sait qu'un enfant maître de sa grammaire n'apprend pas le même anglais (ou espagnol, ou russe...) que ses alter ego (très « autres » et fort peu égaux) de la zone ? D'un côté, un bon élève dopé aux séjours linguistiques, insérant peu à peu un vocabulaire toujours plus riche dans des structures pré-acquises. De l'autre, un mutilé de la langue qui saupoudre de mots glanés chez Puff Daddy ou Queen Latifah une syntaxe hachée menue. Au final, une disparité encore plus accentuée entre le récitant de Shakespeare et celui d'Eminem.

« Cops », « gun », « black » : nous sommes tous des rappeurs new-yorkais ! Une surabondance de « Je », comme si cela pouvait compenser les errances d'un Moi pris en sandwich entre dérive et délinquance, anéanti dans l'esthétique de la « bande », atome d'un groupe indistinct de matière organique. Un excès de violence. Et des monosyllabes claquant comme de coups de poing. « Meuf », « teuf », « keuf » – la locomotive verbale ânonne ses ratés. J'en arrive parfois à me demander si le succès de Nike auprès des exclus du langage ne tient pas à la brièveté de la marque, et à la grimace automatique qu'engendre son éructation. « Naïk ». La lèvre se retrousse, le nez se fronce, le front se plie douloureusement, l'œil fulmine. Naïk ! Qui a pris le temps, en classe ou ailleurs, d'expliquer à ces jeunes gens « nikés » des pieds à la tête qu'il faudrait, justement, prononcer « nikè », conformément à l'étymologie (la Victoire, en grec) ? Combien de gosses doivent penser encore qu'il existe sans doute un « Monsieur Naïk », comme il y avait un Ad[olf] [Das[sler] ? Les voici arborant la virgule de la marque (le « graf » le plus élémentaire, correspondant – fort bien – au cri primal : « Naïk » !), esclaves de leur fétiche. Joli coup de pub en longueur. Incapables de dire, interdits de penser, mais sommés de consommer. Pour un peu, je penserais que les dégâts attilesques coproduits par la pub, la mauvaise télé et la Nouvelle Pédagogie font les affaires de quelques-uns…

Mais pas de tous. Il faut être incroyablement naïf pour s'imaginer que les patrons, tous les patrons, répugnent à embaucher des gens instruits. La plupart préfèrent, et de loin, recruter des jeunes qui savent répondre au DRH autre chose qu'un « oui » ou « non » bredouillé sous une grimace.

Que tant de gosses s'imaginent que « Nike » est de l'anglais en dit long sur ce qu'on ne leur a pas appris – en anglais aussi.

Parenthèse : il y a deux langues anglaises, dont la somme fait l'anglais. L'une dérivée du normand, l'autre dérivée du saxon. À la première les mots complexes, la pensée et le style, à la seconde les mots courts et pugnaces – langue de barbares germaniques ou danois. C'est cet anglais-là qui est passé dans le rap, mâtiné d'un argot « black » qui n'est même plus celui de Chester Himes. Dans la révolte aussi le niveau baisse.

D'où vient donc cet engouement pour la langue du Notorious BIG ? Cécile Ladjali pense que « la charge érotique contenue dans l'anglo-américain est la conséquence du pouvoir de fascination que cette langue exerce sur les consciences dans nos sociétés ». Et d'ajouter : « Cette langue est celle de la puissance. » Certes – à ceci près que la langue parlée par la parodie de la puissance est la langue de l'impuissance, la farce après le drame. Du coup, la charge érotique – dont il ne reste plus que la fascination pour l'argent et ce qu'il permet d'acheter – devient pornographie. L'anglais éructé par les barbares correspond bien à la façon dont ils traitent les filles – deux pas derrière.

Si nous persistons à leur désapprendre à parler (en les sollicitant sans cesse pour qu'ils s'expriment, ce qui est le degré zéro de l'apprentissage d'une langue), si nous persistons à les réduire à l'onomatopée, ne nous plaignons pas de leur violence, de leur machisme, et de leur racisme. On dit souvent que la langue colporte des valeurs : je le crois bien ! Mais ce ne sont pas des valeurs clairement apprises, ce sont des règles enseignées par contrebande. L'ordre suinte d'une langue structurée, la séduction règne dans une syntaxe bien léchée. À rebours, une langue en miettes, Babel éparpillée, n'engendrera jamais que misère, corruption et antagonismes irréductibles.

Si nous voulons vraiment que les enfants, dès le primaire, apprennent une langue étrangère, il faut intensifier leur apprentissage du français. Deux heures, chaque jour, de vocabulaire et de syntaxe, de règles sues par cœur, d'exercices répétés jusqu'à l'automatisme. Une langue normée, un apprentissage normatif, et non cette Observation Réfléchie de la Langue qui est aujourd'hui la tarte à la crème de pédants qui se croient linguistes. L'ORL, comme la nomment ces professeurs d'ignorance, consiste à laisser deviner à l'enfant une règle qui ne lui sera jamais expliquée, ni appliquée. Sadisme ou fascisme ? La langue de Big Brother est elle aussi une langue réduite, en nombre et en syllabes. Le rêve totalitaire est celui que des idéologues de la pédagogie tentent d'imposer depuis trente ans. Et ils y sont presque parvenus.

Dans son *Chagrin d'école*, un livre tout plein de jolies choses, Daniel Pennac écrit : « Les maux de grammaire se soignent par la grammaire, les fautes d'orthographe par l'exercice de l'orthographe, la peur de lire par la lecture, celle de ne pas comprendre par l'immersion dans le texte, et l'habitude de ne pas réfléchir par le calme renfort d'une raison strictement limitée à l'objet qui nous occupe, ici, maintenant, dans cette classe, pendant cette heure de cours, tant que nous y sommes. »

Évidence ! Apprendre à lire, apprendre à écrire, apprendre à parler : rien de naturel dans ces trois opérations – c'est notre grandeur d'hommes de nous épanouir dans l'artificiel. Dans tous les cas, ce sont des codes qu'il faut apprendre, d'unités minimales en unités complexes. Parce que c'est ainsi que la langue et l'esprit se structurent, et les neurosciences d'aujourd'hui confirment les intuitions des linguistes d'hier : le b.a.-ba seul abolit Babel, parce que savoir sa langue, c'est, potentiellement, en connaître tant d'autres !

Faire passer l'horaire de français en primaire de six à dix heures, au minimum – il semble bien que ce soit décidé, à l'heure où j'écris. Et cesser de faire des calculs d'apothicaire pour évaluer quel coefficient de « français » peut être déduit d'une heure de mathématiques ou d'histoire. Corollaire : on n'apprend bien une langue que par les exemples les plus maîtrisés – ce que l'on appelle la littérature. J'y reviendrai.

Enseigner à nouveau la grammaire de la façon la plus explicite, en multipliant les exercices : on n'apprend bien à lire et à parler que le stylo à la main. En finir avec cette chimère idéologique qu'est l'Observation Réfléchie de la Langue, avatar linguistique de la « main à la pâte ». Comme si un élève lambda pouvait déduire seul les règles d'une langue qui a mis du temps à s'établir, depuis les serments de Strasbourg en 842, et qui s'est à peu près fixée au XVIIe siècle, que cela plaise ou non à ceux qui croient que la langue change parce que le vocabulaire évolue.

Ne pas enseigner en primaire une langue étrangère en concurrence avec le français, en tout cas pas avant que les structures du français ne soient acquises (fin du CE2 ?). Il y a deux façons d'apprendre une langue : soit par immersion totale (et une heure ou deux hebdomadaires n'y font rien), soit par référence, une fois que les mécanismes de la langue maternelle sont acquis et digérés. Dans la première hypothèse, le moment idéal pour une immersion serait sans doute la maternelle – voir le chapitre suivant. Provoquer dès trois ou quatre ans une imprégnation réelle, sans trop se soucier de savoir si celle ou celui qui parle a ou non les diplômes nécessaires... On nous parle d'intégration européenne ? Eh bien, dans toutes les régions de France se sont installés de nombreux étrangers qui seraient ravis que l'on sollicite leurs compétences. Tous les enfants ne peuvent s'offrir des séjours linguistiques ? Faisons entrer le séjour chez nous. Sinon, c'est à partir du CM1 que, dans un système rénové, on peut penser que les mécanismes d'une seconde langue viendront harmonieusement se greffer sur ceux du français. Et à ce moment-là, autant mettre le paquet, et consacrer à la seconde langue toutes les heures qui ne lui auront pas été attribuées du CP au CE2.

Il s'ensuit – c'est à peine un paradoxe – que **l'étude de la langue française du primaire doit être encore accentuée dans le secondaire** : après les bases, les superstructures. C'est par l'étude des meilleurs écrivains, et non par celle des journaux ou variétés musicales que l'on peut être imprégné de structures correctes. Et plus le public est hétérogène, plus il est socialement loin du « bon français », plus il faut l'imbiber de bonne littérature – les plus purs des mots de la tribu.

Chapitre 2
Maternelles

> « Mon école maternelle, celle du boulevard Gallieni, la grande belle, pleine de jolies peintures, de fleurs et de gentilles bêtes sur les murs. »
>
> CAVANNA [1]

Longtemps j'ai dédaigné l'école maternelle. « Garderie d'État », pensais-je du haut de ma fatuité et de ma suffisance. « Une façon de meubler l'espace-temps entre l'ère des couches-culottes et celle du b.a.-ba. » Et quel gâchis d'énergie et de personnes, tous ces instituteurs moniteurs de sieste ou dispensateurs de câlins…

1. *Les Ritals*, Belfond, 1978.

On peut être agrégé, normalien et dire d'énormes sottises. Le fait de ne pas être le seul ne m'est en rien une excuse.

La maternelle est la vraie fabrique de l'égalité – en tout cas, elle doit et elle peut l'être. On y apprend deux choses précieuses, parmi d'autres : à ne plus être petit prince, et à parler la langue de la République. La maternelle est le lieu de la première intégration du code, et la première approche de cette citoyenneté dont on nous rebat les oreilles, et qui s'insinue bien plus qu'elle ne s'apprend.

Pourquoi le petit Nicolas pleure-t-il si fort ? Sa mère l'accompagne pour la première fois à l'école, il a trois ans, le plus souvent, certains de ses petits camarades sont un peu plus jeunes, d'autres, très rares, sont plus âgés. Peut-être lui a-t-on acheté, pour faire passer la pilule, un joli cartable décoré, brillant, spectaculaire, objet transactionnel qui permet de passer de l'espace privé, familial, à l'espace scolaire…

Mais voilà : le petit Nicolas a bien peur de quitter les jupes de celle qui l'appelle « Monchéri », en un mot, comme une succulente friandise, ou « Moncœur » – en un mot aussi, comme s'il était un organe indispensable à la survie de sa mère. Il a peur de perdre ce morceau de lui-même qui l'accompagne et l'assiste depuis sa naissance. Il pressent aussi peut-être, confusément, qu'il ne sera plus, dès que les grilles de l'école se seront refermées sur lui, que « Nicolas », au même titre que Bertrand, Héloïse ou Kamel. Un parmi tous. C'en sera donc fini de son individualité chérie, c'en est fini de son règne de dauphin : il entre dans le grand *melting pot* démocratique.

Et c'en est fini pour un certain temps. Certes, les instituteurs ne sont pas des robots sans âme, ils savent parler à l'un sans négliger les autres, ils savent aussi donner du sentiment. Mais pour ce qui est des « Monchéri », c'est fini : c'est « Nicolas » qui s'éveille, comme il s'éveillera, au collège ou au lycée, à son nom de famille. On le tutoie encore, on le vouvoiera bientôt. Peu à peu, des distances se construisent.

On ne progresse jamais que par d'imperceptibles traumatismes : cette substitution d'identité en est l'exemple souche. Mais qui ne comprend que le vrai respect de l'enfant passe par toute une série de contraintes ? Sa liberté en germe sera le fruit des contraintes acceptées, digérées, et non de je ne sais quel vagabondage perpétué.

Puis aussitôt vient l'épreuve de la langue. Papa et maman usaient avec Monchéri Moncœur de codes personnels, parfois de termes spécifiques, qui avaient tissé, dès le berceau, un grand cocon d'affectivité. Parfois aussi parlaient-ils à l'enfant une langue régionale, une langue étrangère, ou un français tellement marqué de particularismes linguistiques qu'il en devenait langue autonome.

La maternelle (peut-être vaudrait-il déjà mieux dire les maternelles, tant d'une année sur l'autre les expériences sont nouvelles, et bouleversantes) doit permettre d'unifier la langue, de conforter les structures immanentes apprises des parents ou les faire acquérir, et d'enrichir le vocabulaire. De dialogues en histoires, de jeux en comptines, poésies et chants, l'enseignant s'y emploiera chaque jour.

Loin, très loin de moi l'idée d'apprendre leur métier aux instituteurs de petite, moyenne ou grande section. C'est d'humanité que je parle, en cet âge encore primitif, vers quatre ou cinq ans, où l'on communie encore autour des contes, comme nos ancêtres à la veillée. L'instituteur de maternelle est le premier passeur de culture.

Et cela commence dès le départ de maman, parfois même avant. L'instituteur (qui est le plus souvent une institutrice et que Nicolas appellera « Maîtresse[2] ») l'accueille par quelques paroles bienveillantes, se met à son niveau, s'accroupissant devant lui et rassurant Monchéri et maman, souvent largement aussi émue que le fiston.

C'est à Monchéri que l'enseignant(e) s'adresse, cherchant déjà à lui faire comprendre qu'il est en train d'entrer dans un monde où, s'il n'est pas le centre, il est attendu et sera l'objet de toutes les

2. Mieux que par son prénom, comme cela arrive trop souvent. Le respect s'apprend tôt.

attentions, comme tous ses petits camarades. Un monde conçu pour lui, dans un but bien précis : l'aider à devenir un « grand ».

Le maître (qui bien souvent est une maîtresse) n'a cependant en rien l'intention de couper de sa famille cet embryon d'élève qui est pour lui le petit « Nicolas Dupont », et non Monchéri Moncœur, ou d'écarter la maman de son rôle de parent. Il sait trop combien ce petit bonhomme a encore besoin de maternage, et pour longtemps encore. Au cours de l'année scolaire, il fera d'ailleurs tout ce qui est en son pouvoir pour établir avec les familles de ses petits élèves une communication franche, cherchant à leur faire voir combien il est important pour ces tout-petits d'évoluer maintenant dans ce nouveau monde où l'on s'occupe essentiellement de développement intellectuel et social.

Il rassurera les mamans-poules, soucieuses de voir leur poussin leur échapper. Il leur montrera combien les petits progrès quotidiens leur permettent d'enrichir leurs relations à leur bambin. Il leur expliquera que les heures de classe sont le nouveau domaine de leur enfant, qu'il en a besoin et que le bon développement de sa scolarité future passe par ce détachement affectif fusionnel des premières années.

Lors des réunions d'information (une ou deux au cours de l'année scolaire), il s'emploiera à faire comprendre aux nouveaux parents d'élèves comment la société a conçu le « partage des tâches » : à la famille, l'équilibre affectif, les soins quotidiens, la culture familiale et ses règles ; à l'école, la culture commune, les « grands principes ».

Il leur montrera combien les familles ont besoin de l'école qui offre à chacun de leurs enfants, quelles que soient leur origine et les facilités ou difficultés que cela pourrait leur occasionner, une base de culture large et formatrice. Et combien l'école a besoin de leur soutien dans sa tâche : vie régulière, heures de sommeil suffisantes, sollicitations culturelles de plus en plus fréquentes sont les points d'ancrage d'une réussite scolaire future.

Peut-être ira-t-il jusqu'à leur susurrer qu'installer une télévision dans la chambre de Moncœur n'est pas une idée formidable... Et que le caler au petit matin devant l'étrange lucarne ne contribuera guère à le mettre en état d'éveil. Mais là, il lui faudra sans doute un grand pouvoir de conviction, pour s'attaquer de front au totem familial.

Depuis quelques années, dans de très nombreuses écoles maternelles[3], on a mis en place,

3. Le même type d'opération, de plus en plus souvent, se reproduit aussi à l'entrée en sixième. Dans de nombreux collèges, les parents prennent le petit déjeuner sur place avec leurs enfants, assistent à la présentation des enseignants, qui à leur tour expliquent leurs attentes, déjeunent à la cantine – bref, ne lâchent pas leurs rejetons. Et des professeurs d'université m'affirment que cela se trouve aussi dans les amphis de première année. L'infantilisation a encore de beaux jours devant elle.

lors du moment d'accueil évoqué plus loin, la possibilité pour les parents d'assister à la première demi-heure de classe, dans le but très louable de rendre la « coupure » moins douloureuse.

Cependant, par-ci, par-là, certains instituteurs font part de leurs doutes. Les enfants déposés le matin en garderie périscolaire ne voient pas leurs parents entrer dans la classe, pas plus que ceux déposés par l'assistante maternelle qui en a la garde depuis le départ au travail de papa maman, quand d'autres, accompagnés, semblent au contraire souffrir encore plus de la séparation lorsque maman s'éternise.

Du côté des adultes aussi, la situation pose parfois problème : des conversations entre mamans durent plus que de raison ou dégénèrent en bavardages incontrôlés, et il est difficile à l'enseignant de leur faire quitter les lieux à l'heure dite ou de maintenir un niveau sonore acceptable ; d'autres ont de la peine à « rester à leur place » et évoluent dans les locaux scolaires (classe, vestiaires) à leur guise, allant parfois jusqu'à outrepasser les règles de la bienséance. Ou interviennent auprès des enfants, réprimandant l'un, favorisant l'autre. Les jeunes maîtresses, particulièrement, ont bien de la peine à imposer leurs volontés à des dames plus âgées qu'elles.

Dans certaines écoles, cet accueil des parents a été supprimé. Il serait intéressant de chercher à savoir si le développement des élèves de ces écoles s'en est trouvé perturbé et si cette règle ne pourrait être généralisée à l'ensemble des classes.

Mais enfin le cordon est coupé – pour la journée ou la demi-journée.

Tous les petits Monchéri et Moncœur découvrent alors deux sortes d'« autres » : leurs pairs, les élèves, et leur maîtresse. Selon leur personnalité, ils les ignorent superbement, les craignent ou les agressent. Seul le maître, la maîtresse ou l'ATSEM peut avoir droit à un traitement de faveur, toujours sur le mode affectif : on se raccroche à l'« adulte référent » comme à une bouée, on l'apitoie, on monopolise son attention par une attitude plus câline ou moins soumise que celle des autres.

Si le maître a joué son rôle d'accueil, c'est lui qui deviendra le référent.

Il ne lui reste plus qu'à mettre à profit les six heures de classe quotidiennes pour devenir passeur de culture…

Sauf cas où il aurait été recruté « sur le tas », en liste complémentaire, sa formation a eu lieu pour les plus âgés en École normale d'instituteurs, pour les plus jeunes en IUFM. Nombreux sont les jeunes professeurs des écoles à se plaindre de leur difficulté à appliquer cette formation au terrain, et un grand nombre soulignent même le fait que cette formation a tendance à négliger la partie consacrée aux premières années de scolarité – ou à rester dans le vague et le flou artistique.

Cette formation, jugée donc le plus souvent trop succincte et peu claire, ouvre la porte à deux types de « reproches » auxquels correspondent deux types de solutions. Certains pensent qu'il faudrait la diviser en deux et faire opter le futur professeur des écoles pour l'une ou l'autre d'entre elles dès le début : enseignement en école maternelle ou en école élémentaire. D'autres pensent au contraire qu'il est nécessaire de garder une seule formation tout en accentuant et réformant le module « école maternelle ».

Outre les risques de disparition brutale des petites classes (petite section et moyenne section) qui pourrait être facilitée par la première hypothèse, selon le bon principe de l'alignement sur les autres pays d'Europe, cette option numéro un est-elle vraiment souhaitable ?

Les enseignants d'école élémentaire, et particulièrement ceux qui ont en charge les classes de CP ou de CE1, se plaignent que certains enseignants de maternelle, qui n'ont jamais – ou très peu – enseigné en Élémentaire, ont souvent tendance à « oublier » que leurs élèves ont un besoin crucial de posséder certains pré-requis indispensables à leur scolarité future (attention, concentration, capacité à rester assis pendant quinze à vingt minutes, premiers éléments d'écriture liée, reconnaissance des lettres et des chiffres par exemple). Et la solution numéro un accentuerait le problème puisque, dès les débuts de la formation, les jeunes futurs enseignants n'auraient eu aucun contact avec les programmes de l'Élémentaire et n'auraient pu y effectuer de stages.

L'option numéro deux permet au contraire de fournir au futur enseignant une formation complète sur le développement de l'enfant de deux à onze ans, sur l'enchaînement annuel des programmes et les progressions nécessaires à son rôle de passeur de culture, évitant ainsi toute rupture brutale dans l'éducation et l'instruction de ses futurs élèves.

En effet, si le passage à la « grande école » est le point central d'un bon démarrage des apprentissages fondamentaux (lire, écrire, compter, calculer) et si l'on veut éviter au maximum que cette rupture, nécessaire à la bonne croissance de l'enfant, ne tourne à la spirale infernale de l'échec scolaire, il est indispensable de conserver une école maternelle dont les personnels d'éducation ont été amplement informés et formés sur les enjeux scolaires jusqu'à l'entrée au collège. Après tout, un professeur de collège a étudié les programmes de sa matière bien au-delà de la classe de troisième.

Par ailleurs, les programmes actuels, conçus par cycles [4], soulèvent de nombreuses interrogations

---

4. C'est le cycle des apprentissages premiers qui concerne les trois ou quatre années de l'école maternelle, avec une petite complication supplémentaire pour la dernière année, ou grande section, qui appartient à la fois à ce cycle et au suivant, appelé « cycle des apprentissages fondamentaux », charge étant laissée à l'enseignant de juger de la capacité de chacun de ses élèves à relever des programmes de l'un ou de l'autre.

auxquelles les enseignants offrent des réponses extrêmement variées qui ne vont pas forcément dans le sens d'une égalité des chances sur l'ensemble du territoire ! Nous verrons plus loin comment les programmes actuels pourraient être modifiés afin de donner à chaque instituteur une base de travail commune, tout en respectant, bien entendu, la liberté pédagogique.

Mais revenons à Nicolas et à sa première journée d'école.

Il entre en classe et les premières habitudes s'installent, que Nicolas gardera pour toute sa scolarité : se déplacer dans le calme, suspendre ses affaires au portemanteau qui lui a été réservé, que le maître a doté d'un signe distinctif (une image, sa photo, un symbole, son prénom) et qu'il lui apprend à reconnaître, entrer en classe derrière cet adulte et le suivre pour le premier moment de la journée.

Ce moment a longtemps été réservé au regroupement, où les deux activités principales de ces trois années de scolarité, l'apprentissage de la langue commune et de la vie en société (le fameux « vivre ensemble »), étaient à l'honneur.

Depuis quelques années, les instituteurs ont pris l'habitude de commencer la journée par un temps d'observation où les élèves peuvent, selon les termes consacrés par l'institution, « découvrir sans contraintes, réinvestir en autonomie » et

« où l'enseignant en tant qu'observateur permanent peut repérer des actions, des conversations sur lesquelles il va s'appuyer pour donner du sens, provoquer des défis, créer l'émulation aux apprentissages ». Cet intermède, parfois en présence des parents, est consacré à l'« accueil » des tout-petits, jusqu'à la dernière année de maternelle. La porte de la classe est le plus souvent ouverte, les enfants arrivent à leur rythme de 8 h 50 à 9 h 20 ou 30 (ou de 8 h 20 à 8 h 50 ou 9 heures). Sur les tables sont installés jeux et jouets, puzzles, perles, papier et crayons, albums de la littérature jeunesse. Dans le cas où l'accueil des enfants n'a pas eu lieu dans la cour et où les mamans accompagnent leurs petits jusqu'à la porte de la classe ou même dans la classe, chaque enfant est accueilli par la maîtresse qui lui dit quelques mots d'accueil, puis il s'installe librement à la table ou au coin-jeu qui lui fait envie ou que maman a choisi pour lui. L'instituteur intervient peu, tout à son rôle d'observateur ou d'évaluateur. Il est par ailleurs souvent monopolisé par une ou deux mamans plus soucieuses, moins prêtes que les autres à accepter la rupture entre Moncœur et elles.

Le risque de ce petit rituel d'accueil est d'amener les Monchéri et les Moncœur à penser qu'ils viennent à l'école pour faire ce qu'ils veulent et que le personnage le plus important de la classe est leur petite personne en tant qu'individu, et non le groupe ou l'enseignant. Il ne sait pas encore qu'il est

« au centre du système », mais un tel dispositif lui en donne l'intuition.

L'école est un lieu d'apprentissage collectif, il est plus judicieux de le faire comprendre aux tout-petits dès leur arrivée en classe. Il y a d'autres moments dans la journée où les activités « libres » traditionnellement réservées à l'accueil seraient bien mieux placées : l'après-midi après la récréation par exemple ou juste avant celle du matin, quand la fatigue d'une heure et demie de classe commence à se faire sentir.

Pour ce premier contact, répété chaque jour, on peut largement préférer un moment où le groupe se soude, où l'on quitte en douceur le monde de la maison en racontant qu'en arrivant à l'école avec maman, on a ramassé une feuille morte, un marron, on a vu une grosse pelleteuse ou une machine qui lavait les caniveaux. C'est l'heure où les pouces quittent les bouches, où les yeux petit à petit arrivent à fixer l'objet que présente la maîtresse, où l'on prend conscience que le monde est dehors et qu'ici, dedans, tous groupés, on est en train de devenir grand. C'est au cours de ce regroupement autour de la maîtresse que Nicolas apprend à dire bonjour, à raconter ses petits riens et à écouter ceux de ses camarades, à chanter des formulettes, taper dans ses mains, réveiller ses yeux, sa bouche, ses oreilles par de petits massages ou des grimaces, observer un objet que la maîtresse ou un camarade a apporté. Ce petit moment permet déjà à la maîtresse d'engager un processus de transformation de tous ses « Monchéri-Moncœur » en élèves appartenant à sa classe.

Après quelques semaines, dès que tous ses élèves seront prêts, elle profitera de ce moment pour leur apprendre à prendre la parole chacun à son tour, à écouter leurs camarades ou la maîtresse, s'aidant parfois d'une marionnette qui apportera chaque jour un objet, une image, un livre, un jeu qui donneront matière à cette unification de la langue, tellement importante avant l'entrée dans l'apprentissage de la lecture.

Lorsque Nicolas sera plus grand, lors de sa dernière année de maternelle, l'instituteur lui apprendra à se repérer dans le temps et à compléter chaque jour l'éphéméride. Il pourra aussi profiter de ce moment pour programmer la journée à l'aide d'un emploi du temps.

La journée continue. Les activités se succèdent. Nicolas a tout à apprendre et, si l'ambiance de sa classe est bonne, si toutes les activités ont été programmées par un maître conscient de son rôle de passeur, connaissant les enjeux des programmes de l'école maternelle sur le bout des doigts, réaliste sur les capacités d'attention, de concentration, de conceptualisation et le besoin de mouvement de ses élèves, il ne verra pas le temps passer et progressera harmonieusement.

Le rythme des journées est souvent immuable en maternelle, ou du moins, il serait bon qu'il le soit. Cela sécuriserait les plus fragiles, ceux qui ont si peur des autres et de ce qu'ils pourraient leur faire qu'ils préfèrent les agresser avant de connaître leurs intentions.

Petit à petit, Nicolas découvre les autres, ceux qu'il ignorait ou craignait, il lie des amitiés et commence à participer à des jeux collectifs.

Le maître lui apporte tout ce dont il a besoin pour devenir un petit élève heureux d'apprendre, curieux de tout, réaliste sur ses savoirs, à l'aise dans son corps et au sein du groupe.

Il lui donne les premiers principes de la vie en société et lui en apprend les règles. Il développe ses sens par toutes sortes d'exercices et de jeux. Il s'attache tout particulièrement à rectifier sa prononciation si celle-ci s'avère défectueuse, exerçant par la même occasion son ouïe, et à lui faire acquérir par tous les moyens un vocabulaire riche et précis (leçons de chose, chants, contes et récits, comptines et poésies). Il le prépare puis lui apprend ses premières notions de comptage, de calcul, d'écriture, de lecture. Il lui fait découvrir le bonheur d'en savoir tous les jours un peu plus et de posséder une culture commune qui le relie aux autres à travers les espaces et les générations (contes, comptines et chants traditionnels, poésies, jeux sportifs, œuvres d'art, etc.).

Le programme est simple et répétitif. Le rythme de développement du petit enfant étant très différent d'un moment à l'autre, d'un jour à l'autre, l'instituteur s'applique donc à réinvestir chaque jour les petits acquis de la veille afin d'être sûr de ne laisser personne au bord du chemin. Il ne se précipite pas pour évaluer les capacités ou les compétences de chacun de ses petits élèves, sachant à quel point à cet âge, tout acquis est fragile et sujet à fluctuations.

Il sait aussi que les intérêts des enfants de moins de six ans varient vite, que leurs capacités d'attention sont encore limitées, que leur connaissance du monde n'est pas encore très cartésienne et qu'ils ont encore souvent tendance à expliquer un phénomène par la volonté de tel ou tel objet à produire tel ou tel effet. Les petits sont très volontiers animistes…

Il préférera donc construire sa progression en fonction des capacités ou des savoirs qu'il doit leur faire acquérir plutôt qu'en bâtissant de jolis projets qui n'amuseront que lui, ou en les laissant découvrir par eux-mêmes des lois que les adultes ont parfois mis des siècles à concevoir.

Et c'est ainsi qu'en trois ou quatre années, notre petit bonhomme qui pleurait si fort le matin de sa première rentrée se sera transformé en un futur élève d'école élémentaire.

Alors, il écoutera les consignes et les exécutera, prendra la parole lorsqu'on la lui donnera et écoutera ses camarades lorsque ce sera leur tour de s'exprimer.

Il saura participer à toutes les activités individuelles ou collectives en cherchant à obtenir ce qu'on lui a demandé.

Il saura tracer et reconnaître les lettres de l'alphabet et commencera même à savoir « quel bruit elles font ».

Il écoutera attentivement les histoires même si l'adulte ne « montre pas les images », pourra résumer l'épisode précédent et formuler des hypothèses sur la suite.

Il récitera une poésie ou une comptine, chantera en chœur avec ses camarades et la maîtresse un chant de deux ou trois couplets.

Il saura compter au moins jusqu'à trente et commencera à être capable d'effectuer de tête ou à l'aide d'un schéma une somme, un produit, une différence, un partage, si les quantités ne dépassent pas dix (ou vingt). Ses repères spatiaux et temporels (hier, aujourd'hui, demain, ce matin, ce soir) seront installés.

Il pourra collaborer efficacement avec deux ou trois camarades en se partageant la tâche et en menant avec eux un dialogue construit.

Il s'intéressera au monde extérieur et aura envie de savoir d'où ça vient, comment ça marche, pourquoi on l'a inventé, depuis quand ça existe, etc.

Il sera capable de fournir un effort (physique et intellectuel) sans rechigner et aura conscience de la qualité de son travail (même si son amour-propre en prend un coup...).

Tout cela aura été obtenu progressivement, tout au long de trois ou quatre années scolaires, par un « soutien sans faille » des adultes de l'école, une attention soutenue à chacun des enfants (et particulièrement aux plus faibles, aux moins « conformes »), des progressions raisonnées et raisonnables, un emploi du temps prenant en compte la maturation physiologique et intellectuelle des tout-petits ; les enseignants auront cherché, quel que soit le « matériau de départ », à lui donner tout ce dont il a besoin pour devenir un petit CP content de grandir, heureux d'apprendre, fier de ses efforts et de ses progrès, plein d'espoir raisonné sur tout ce qu'il pourra devenir.

L'âge d'entrée en maternelle ne doit pas être dicté par la commodité des parents – ou, sinon, gare à l'assimilation maternelle/garderie ! Il est modulable, selon les villes ou les villages, les possibilités, les publics. Mais on se demande parfois si le dégoût pour l'école ne vient pas d'une imprégnation trop précoce. Du CP à la terminale, douze ans : est-il si nécessaire d'en ajouter trois pour faire quinze ?

Plutôt que de parler de petite, moyenne et grande section, **peut-être faudrait-il réserver l'appellation contrôlée de « maternelle » à la tranche 3-5 ans, et appeler la grande section CP1**, liée par des programmes intelligents au CP2 : à charge aux instituteurs d'apprendre à lire, écrire, compter et calculer aux enfants dans l'espace de ces deux années. Cela permettrait de rediviser le primaire en cycles de deux ans, comme autrefois, tout en fixant à chaque année des objectifs précis.

On trouvera en annexes un essai de programmes complètement construit pour ces années déterminantes d'entrée en milieu scolaire.

Chapitre 3

Méthodes de lecture

> « LE PROFESSEUR. – Dites : cou…
> L'ÉLÈVE. – Cou…
> LE PROFESSEUR. – … teau… Regardez.
> *Il brandit un couteau sous les yeux de l'élève.* »
>
> IONESCO [1]

On le savait déjà, on le susurrait, on le murmurait, quelques-uns même osaient le clamer : près de 20 % des enfants entrant en sixième, en France, ne savaient pas réellement lire. Nombreux étaient ceux qui déchiffraient à peine. Trop nombreux ceux qui lisaient avec peine.

Les évaluations faites à grands frais à l'entrée en sixième donnaient 17 % d'illettrés. C'était

1. *La Leçon*, Gallimard, 1954.

optimiste : en fait, elles ont été aménagées, manipulées, d'année en année, pour que le chiffre reste identique et fasse le bonheur (?) du ministre.

Une remarque cependant : ces 17 % incompressibles correspondent pratiquement aux 160 000 enfants (une paille !) qui sortent chaque année du système scolaire, fin troisième, sans même d'illusions en poche.

Puis, en août 2007, le Haut Comité à l'Éducation, instance peu suspecte de complaisance avec telle ou telle faction politique, choisit de dire la vérité. C'étaient près de 40 % des entrants en sixième qui avaient de lourds problèmes de lecture – et d'écriture, par voie de conséquence.

Entre 2006 et 2007, Gilles de Robien, ministre de l'Éducation, après avoir pris la mesure de ce désastre français, avait eu l'excellente intention de réformer les méthodes utilisées. Il était devenu évident, malgré les cris d'orfraie de quelques jusqu'au-boutistes du global comme Évelyne Charmeux, qu'elles avaient engendré pour moitié des mutilés de la lecture, dyslexiques artificiels ou traumatisés des mots, et pour une autre moitié des inadaptés à l'orthographe, infirmes de l'écrit, pré-rejetés de la vie. Il chargea donc ses services, deux étages en dessous de ses bureaux, de rédiger un arrêté restaurant le b.a.-ba, que la méthode

Boscher[2] avait fixé dès 1905, et qui avait initié quelques générations d'enfants, tout au long du XXe siècle.

Marc Le Bris, dans un documentaire récent[3], lit les premières lignes de cet arrêté : « Pour apprendre à lire, on utilise deux types d'approches complémentaires : analyse de mots entiers en unités plus petites référées à des connaissances déjà acquises, synthèse à partir de constituants de syllabes de mots réels ou inventés… »

Et l'instituteur de Médréac, célèbre pour avoir, l'un des premiers, sonné l'alarme avec son livre *Et vos enfants ne sauront pas lire… ni compter*[4], de commenter : « C'est la méthode globale ! C'est la définition même de la méthode globale ! » Quelques lignes plus bas, commentant les recommandations ministérielles sur l'apprentissage de la grammaire : « Mais c'est l'ORL ! », cette

2. Toujours près de 80 000 exemplaires par an – il semblerait que chaque année la méthode Boscher sauverait l'équilibre financier de la maison Belin, ou tout comme. Elle n'est que très rarement achetée par des enseignants. En revanche, parents et grands-parents se ruent sur ce petit volume aux couleurs vives et aux tournures archaïques, pour tenter de pallier les insuffisances de la formation offerte à leurs enfants ou petits-enfants. C'est l'un des acquis les plus sûrs des révolutions pédagogiques des dernières décennies : augmentation du parascolaire, développement insensé des cours particuliers et des « boîtes à bac », et afflux dans des institutions privées censées être plus traditionnelles que les écoles publiques. Ce qui n'est pas évident, les mêmes programmes s'imposant à tout le monde, privé ou public.

3. *Éducation nationale : un grand corps malade*, d'Emmanuel Amara, Canal Plus-Bonne Compagnie, septembre 2007.

4. Stock, 2004.

Observation Réfléchie de la Langue, ou « grammaire de texte », où l'on soumet l'élève à un texte en lui suggérant d'en identifier le fonctionnement grammatical, sans lui en avoir donné les règles – contrairement à la « grammaire de phrase », qui opère à partir des règles, puis suggère de les appliquer.

L'ORL, c'est la charrue avant les bœufs.

Deux étages, c'est ce qui sépare les bonnes intentions du ministre de leur détournement délibéré par les petites mains du pédagogisme infiltrées depuis vingt ans rue de Grenelle.

Gilles de Robien méconnaissait l'appareil. L'Éducation nationale est, par excellence, un ministère où l'on doit nommer un homme nourri dans le sérail, et qui en connaisse les détours. Et sans doute avait-il adopté la mauvaise méthode : il fallait donner toute liberté pédagogique aux maîtres, tout en leur fixant des objectifs rigoureux. C'est ce qu'a décidé de faire Xavier Darcos : « Ils verront bien, très vite, quelles méthodes permettent d'avoir effectivement, à la fin du CP, 100 % de lecteurs réels. Et par voie de conséquence, les formateurs, qui actuellement ignorent, pour la plupart, les méthodes syllabiques, en viendront naturellement à ce qui marche, parce que ce sera ce qu'on leur demandera. »

Loi du marché ou illusion libérale… L'avenir le dira.

Il va de soi que le corollaire obligé de cette pédagogie par objectifs est cette réfection des cycles que j'évoquais au chapitre précédent. Actuellement, c'est l'ensemble du « cycle II » (de la GS à la fin du CE1) qui est chargé d'apprendre à lire et à écrire (et, accessoirement, à compter et à calculer : mais dans les programmes de 2004, la division, par exemple, n'est abordée, timidement, qu'en CM1, et selon un protocole qui laisse rêveurs bon nombre de mathématiciens).

Le 2 septembre 2005, Roland Goigoux, gourou ès méthodes de lecture et penseur d'IUFM, déclarait : « La guerre des méthodes est finie[5]. » Comme dit Michel Delord dans un article dont la consultation s'impose[6], « elle ne faisait que commencer ».

Pour schématiser – et pardon à tous ceux qui connaissent la question mieux que moi et trouveront, forcément, que je schématise trop –, il n'y a que deux types de *méthodes* de lecture : analytiques ou synthétiques.

En 1882, le ministère se préoccupait fort peu des méthodes de lecture – tout ce qui était utilisé alors était *méthode* de lecture. Tout change à l'aube des années 1970, avec l'introduction de la « méthode »

---

5. *Libération*.

6. http://michel.delord.free.fr/syll-glob.pdf. On regardera aussi avec profit http://michel.delord.free.fr/lecture.html, qui contient l'historique du débat sur les méthodes de lecture.

Foucambert[7], technique idéo-visuelle qui est en fait une non-méthode. Il a fallu que Louis Legrand, qui avait l'oreille des ministres de l'Éducation successifs, s'en fasse le propagandiste, pour qu'une technique basée sur l'identification d'une image et d'un mot lui-même traité comme un signe global entre dans les pratiques scolaires, et y fasse les dégâts que l'on sait.

Pour obscurcir encore le débat, un autre paramètre est apparu dans le discours des pédagogues : il y avait, à les entendre, des méthodes « réactionnaires » – et d'autres qui ne l'étaient pas. L'époque était au tout-idéologique[8], et la classe de CP n'y a pas échappé.

C'est cette méthode idéo-visuelle, prétendument « fonctionnelle » ou « intégrative », qui est responsable des désarrois de l'élève français[9]. Et c'est

---

7. C'est certainement lui faire beaucoup d'honneur que de donner son nom à une méthode qu'il a empruntée sans vergogne aux États-Unis, que ce soit l'*Army Method* ou le *Look and Say* de Frank Smith et Ken Goodman. D'aucuns veulent aujourd'hui oublier l'impact du grand homme, ou le rejeter dans des ténèbres anciennes. Faut-il rappeler que l'article majeur de Foucambert, « Apprendre à lire pour les 2-12 ans » a été publié en 1983 – c'était hier –, comme supplément commun à des revues aussi prestigieusement pédagogistes que *Les Actes de lecture*, *Les Cahiers pédagogiques*, *L'Éducation* et *Vers l'éducation nouvelle*. Et je peux personnellement témoigner que mon fils, né en 1999, a été initié en CP à la lecture par cette même méthode, enseignée à l'IUFM de Montpellier.

8. Voir chapitre suivant, « Bourdieu & sons, *unlimited* ».

9. Et non la méthode « globale », inspirée de Décroly, qui n'a pour ainsi dire jamais existé, sinon de façon très expérimentale (méthode de Robert Dottrens).

dès la maternelle qu'elle sévit [10], et sous sa forme la plus pure, refusant souvent de faire intervenir, même dans un second temps, l'analyse des éléments, syllabes et lettres [11]. Les méthodes à départ global des années 1950-1960, comme *Daniel et Valérie*, ou *Rémi et Colette*, ont permis d'apprendre à lire correctement à des générations d'élèves, parce qu'elles passaient très vite de l'approche globale du mot à l'étude de ses composants. L'élève était brièvement confronté au mot, avant d'étudier le code.

Nous avons vu au chapitre précédent que c'est dès la maternelle qu'il faut agir – en décrétant par exemple que le cycle GS/CP est celui de l'apprentissage du lire/écrire/compter/calculer. Les enfants des années 1920 y arrivaient sans encombre, et dans toutes les écoles qui ont adopté la méthode SLECC [12], on y parvient de même, souvent bien avant la fin du CP. Ce qui est possible à Roncq, au milieu d'une banlieue ouvrière lilloise sinistrée, est réalisable partout.

---

10. Voir sur la question des méthodes de lecture et des jeux sur les mots, http://www.fondapol.org/v2/index.php.

11. Voir Colette Ouzilou, « Ce qu'apprendre à lire veut dire », *in* Jean-Pierre Terrail (dir.), *L'École en France : crise, pratiques, perspectives*, La Dispute, 2005.

12. Voir http://michel.delord.free.fr/slecc.pdf. L'expérimentation du SLECC, aujourd'hui acquise (de haute lutte) dans une poignées d'écoles primaires, donne des résultats si spectaculaires que Xavier Darcos n'a pas hésité à se déplacer dans l'une de ces classes, à Cannes-Écluse (Seine-et-Marne).

Le maître mot, dans tous les cas, est « progression ». Un élève qui ne se voit pas faire de progrès, qui ne saisit pas en quoi aujourd'hui l'amène plus loin qu'hier, sombre rapidement dans l'apathie, de l'apathie dans l'ennui, de l'ennui dans l'agitation, et de l'agitation dans la violence. Les thuriféraires de la méthode idéo-visuelle devraient y réfléchir...

Il va de soi que le même raisonnement doit être appliqué à toute réécriture des programmes. L'ennui ne naît pas de la difficulté – jamais ! –, mais de l'absence de stimulation. Plus des programmes sont indigents (voir notre chapitre « Une histoire à dormir debout »), plus rapide est la déconnexion de l'élève.

Reste que, quelle que soit la méthode, c'est le talent du maître qui fait l'essentiel, non la méthode. Célestin Freinet était sans doute un instituteur de génie – ses épigones ne le sont pas forcément : ce n'est pas parce que l'on consomme du haschisch que l'on est Baudelaire. Je dis « talent », et non « pédagogie », parce que ce beau mot a été dévoyé par trente ans de théories fumeuses. Mais c'est bien cela que j'entends : la pédagogie est un talent, qui se cultive, qui s'améliore chaque jour, tout au long d'une vie d'enseignant – et heureux ceux qui sortent de classe en se disant : « Aujourd'hui, ça a bien marché », parce que nombreux sont ceux qui conservent assez d'espace critique pour penser le contraire – et faire un effort de plus, le lendemain.

Je me contenterai de citer dans l'ordre les recommandations énoncées par Michel Delord (voir ci-dessus), qui sont à la base des pratiques du GRIP (Groupe de Réflexion Interdisciplinaire sur les Programmes) :

« – **Défendre toutes les méthodes scolaires d'écriture-lecture**, qu'elles soient synthétiques ou analytiques-synthétiques, pour peu qu'elles soient fondées sur l'enseignement du principe alphabétique, c'est-à-dire sur le bannissement de tout enseignement de la voie directe et sur toute conception du lire dissociant le contenant corpus de son contenu sémantique ;

« – **défendre comme modèles les méthodes d'écriture-lecture analytiques-synthétiques** du type Schüler même si elles ne sont plus pratiquées depuis plus d'un demi-siècle et demanderaient un solide doigté de la part des maîtres dans le contexte actuel ;

« – **envisager ces dernières méthodes comme modèles scolaires**, à condition qu'elles soient intégrées dans des progressions et des programmes dont la caractéristique commune est invariablement, de 1882 à 1945, pour les classes enfantines et les classes maternelles :

« a. de bien maintenir la distinction entre les divers degrés de l'enseignement de l'écriture-lecture : “Le premier degré, écrit

Gabriel Compayré[13], où l'élève apprend à distinguer ses lettres, à en savoir les noms, où il les assemble péniblement pour prononcer les syllabes et les mots ; le second degré, où l'élève lit couramment, sans hésitation, sans tâtonnement ; le troisième degré, qui correspond à ce qu'on appelle la lecture expressive."

« b. d'apprendre l'écriture-lecture dès la maternelle puisqu'on peut lire dans les programmes de 1945 pour la grande section : "Premiers exercices d'écriture / Premiers exercices de lecture, et, le plus vite possible, copie quotidienne d'une des phrases de la leçon de lecture écrite au tableau noir. »

« Le fait que les tableaux soient verts désormais ne change rien à la nécessité de l'exigence…

« – **coupler cet apprentissage avec celui, simultané, de la numération et du calcul**. Les mêmes programmes de 1945 prévoient en petite section d'opérer des groupes de dix objets semblables en petits sacs individualisés, et, en grande section, de commencer des additions, soustractions, multiplications et divisions, en calcul mental puis en exercices écrits, tout en apprenant les poids et mesures, les unités monétaires, etc. »

---

13. Gabriel Compayré, « La lecture et l'écriture », in *Cours de pédagogie théorique et pratique*, 1895.

Ce qui a été possible sur de jeunes enfants hier l'est toujours aujourd'hui – ou alors il faut faire l'hypothèse d'une récession de l'espèce. Quelque part après *Homo sapiens sapiens*, un *Homo pedagogicus* ? Et puis après ? Retour au cloporte ?

Par ailleurs, il faut annoncer clairement l'abandon des programmes de 2002, et refuser de commencer les apprentissages par la seule initiation à la lecture. On n'apprend à lire que le stylo ou la plume à la main, et l'apprentissage de l'écriture doit être simultané, dès la grande section. Le CP est le prolongement, l'approfondissement de ce qui aura été appris en GS, et la première initiation à l'histoire, à la géographie, aux sciences naturelles : l'apprentissage rationnel de l'écriture/lecture conditionne l'apprentissage méthodique de tout le reste.

Chapitre 4

Bourdieu & sons, *unlimited*

> « Quand nous aurons pendu le dernier sociologue avec les tripes du dernier psychologue, aurons-nous encore des problèmes ? »

Entre 1968 et 1973, nous fûmes un certain nombre à tenter de « changer la vie ». À vomir les « lycées-caserne » où nous traînions nos Clarks© et notre ennui, à revendiquer la « liberté d'expression », et à critiquer vertement les contraintes imposées par des enseignants forcément réactionnaires…

Toute jeunesse a ses clichés – c'est même à cela qu'on la reconnaît. Nous cultivions notre révolte, comme d'autres aujourd'hui peaufinent leur servilité vestimentaire ou musicale. Et nous tirions sur nos cheveux pour qu'ils poussent plus vite.

On nous avait abreuvés de Ronsard, Montaigne, Racine, Montesquieu, Balzac[1]... Nous lisions, en parallèle, Marx, Lénine, Mao, Ivan Ilitch, A. S. Neill – et Bourdieu/Passeron, les duettistes des *Héritiers* (1964) et, surtout, de *La Reproduction* (Éditions de Minuit, 1970).

Cela ne nous empêchait pas, à l'époque, de fréquenter aussi les « classiques » que nous étions censés vomir. *L'Idiot de la famille*, certes, et bientôt *L'Idiot international*, mais Flaubert quand même – « ce n'étaient qu'amants, amantes... », Barthes[2] bien sûr –, mais Racine en version originale : « Dans Marseille désert, quel devint mon ennui ! », Todorov volontiers, mais *Les Liaisons dangereuses* en parallèle (« Eh bien, la guerre ! » – civile, probablement). Jamais mouvement insurrectionnel ne fut plus littéraire.

Les demi-habiles de la Révolution en sont malheureusement restés à un méli-mélo de

---

1. Nous n'en étions pas encore à les qualifier, comme aujourd'hui certain(e)s étudiant(e)s américains, de « *white dead males* », mais nous n'en étions pas loin. Misère de la philosophie...

2. Roland Barthes était un être exquis, d'une culture encyclopédique dont il tirait, comme autrefois Malraux en son musée imaginaire, des rapprochements, des conflagrations hautement suggestives. Que quelques pisse-froid usent de ses recherches pour imposer un formalisme abrutissant aux études littéraires témoigne uniquement des œillères que l'idéologie constructionniste a imposées aux enseignants – à leur corps défendant. Il est plus que temps de réhabiliter, comme y invitait jadis ce même Roland Barthes, le « plaisir du texte ».

Rousseau vite avalé et de Durkheim mal digéré – farce arrosée à longs traits de Bourdieu/Passeron, recrachés à tout propos comme une Bible nouvelle : « Tout système d'enseignement institutionnalisé (SE) doit les caractéristiques spécifiques de sa structure et de son fonctionnement au fait qu'il lui faut produire et reproduire, par les moyens propres de l'institution, les conditions institutionnelles dont l'existence et la persistance (autoreproduction de l'institution) sont nécessaires tant à l'exercice de sa fonction propre d'inculcation qu'à l'accomplissement de sa fonction de reproduction d'un arbitraire culturel dont il n'est pas le producteur (reproduction culturelle) et dont la reproduction contribue à la reproduction des rapports entre les groupes ou les classes (reproduction sociale[3]). »

Tout est beau dans une telle phrase. D'abord, sa concision. Ensuite, son système d'enchâssements, qui enfile compléments de nom, complétives et relatives avec une gourmandise quasi érotique. Sans compter ce goût pour les substantifs de quatre syllabes ou plus, indéfiniment répétés, littéralement ou sous des variantes adjectivales. On notera au passage ce « SE » qui permet, dans la suite du livre, de ne plus parler qu'en code – on ne pioche pas au hasard chez B/P : qui n'a pas suivi depuis le début est largué en première instance.

3. *La Reproducion*, p. 70.

Le pédagogisme tel que nous le connaissons aujourd'hui, le pédagogisme théorique, ce que nous appellerions volontiers le « système Meirieu », a des racines lointaines, qui vont s'abreuver jusque chez Ferdinand Buisson : comme tous les puissants esprits, le père de la pédagogie donne à boire et à manger à tous les disciples, même les plus bêtes. Mais sous sa forme pratique, cadenassée, telle que le célèbrent toujours les IUFM, il est sorti tout entier d'une proposition de B/P :

« Toute action pédagogique (AP) est objectivement une violence symbolique en tant qu'imposition, par un pouvoir arbitraire, d'un arbitraire culturel[4]. »

Conformément à l'idéologie à la mode à cette époque, qui invoquait la « violence d'État » pour justifier la violence « révolutionnaire », le pédagogisme a imposé sa violence doctrinale et pratique, sa police de la pensée, et l'inquisition inspectoriale, surtout dans le primaire[5], aux néo-enseignants, pour répondre à cette « violence symbolique » dont parlaient les deux gourous de la sociologie scolaire.

1968 fut un vaste capharnaüm conceptuel qui a engendré aussi bien l'humour, la distance critique et la liberté de parole que le sérieux doctrinaire, la soumission idéologique, le conformisme de la

4. *Op. cit.*, p. 19.

5. Ils se sont surtout attaqués au primaire. Et c'est bien évidemment par le primaire qu'il faut entamer la reconquête de l'école perdue.

contre-culture – et, contradiction interne de ces libertaires embrigadés, l'obéissance à un modèle *religieux*. Jamais la vieille formule de la Compagnie de Jésus, « *perinde ac cadaver* », cette « obéissance du cadavre » à laquelle devait se résigner le jésuite nouveau du XVIIIe siècle, n'a paru plus actuelle qu'au sein de ces organisations fidèlement militantes qui avaient nom PCMLF ou Gauche Prolétarienne, et, *nec plus ultra* de la soumission au modèle ecclésiastique, JOC (Jeunesses Ouvrières Chrétiennes), dont sont sortis nombre de leaders de la pensée pédagogiste. Ces jeunes gens, adeptes de la théologie de la libération adaptée au Quartier latin, jungle urbaine moins hostile que le Mato Grosso ou la jungle bolivienne, trouvaient dans le gauchisme un renouveau doctrinaire, une illumination nouvelle. Mai 68 fut leur Vatican III.

Le pédagogisme, qui a ruiné le système éducatif français et l'a mis à la (lointaine) remorque de la Finlande, de la Corée ou du Luxembourg[6], est né des certitudes de ces éclopés de la pensée qui se gargarisaient de Bourdieu/Passeron, nouveaux Torquemada d'une nouvelle foi.

Rien d'étonnant dès lors à ce que certains, comme nous allons le voir, estiment que la liberté pédagogique n'est qu'un alibi du conservatisme. Les mots de cette Église doivent être pris à l'envers, comme

6. Résultats des enquêtes PISA et PIRLS, novembre 2007.

chez Big Brother. Le conservatisme, c'est l'option choisie par ces instituteurs qui ont le culot de vouloir apprendre à lire, écrire, compter et calculer à leurs élèves de CP, selon des méthodes que la morale didacticienne, l'augure lyonnais et Évelyne Charmeux réprouvent. Des instituteurs qui longtemps durent rester clandestins, selon le joli mot de Rachel Boutonnet, pour ne pas subir les salves de la Pensée Unique. Grâces soient rendues à ces résistants, qui ont osé refuser les diktats de cette pédagogie à l'envers qui, au nom de l'égalitarisme, a fabriqué des dyslexiques en quantité et des désespérés en masse.

Chronique d'un désastre annoncé : le b.a.-ba est décrété « bourgeois », pendant que les méthodes idéo-visuelles sont supposées égaliser les conditions sociales et répudier, de ce fait, les « héritiers » bourgeois.

Résultat des cours, une incapacité grandissante des plus défavorisés [7] à déchiffrer les modes d'emploi des appareils ménagers [8] – sans parler de Mallarmé ou de Kant.

---

7. Les deux fils de Pierre Bourdieu (et tant mieux pour eux, et bravo au système) ont passé l'ENS et l'agrégation. Ce n'est plus de la reproduction, c'est de la photocopie.

8. Un temps, Philippe Meirieu recommandait d'apprendre à lire aux enfants sur ce type de support. Il en est revenu. Il convient d'ailleurs d'étiqueter soigneusement les divers millésimes de la « pensée Meirieu » : 1989 est dur à avaler, les années 1995-2000 ont mal vieilli, mais le cru 2007-2008, plein d'arômes artificiels, risque de séduire les palais amateurs. Il semble bien que l'ancien directeur de l'IUFM de Lyon abandonne ses amis en plein champ de bataille, et se rallie à la nouvelle donne. *Sic transit.*

Ce n'est pas le moindre des agréments de B/P que de fournir *aussi* des arguments à la cause anti-pédagogiste. Dans *La Reproduction*, on trouve une fort belle définition de cette « pédagogie explicite » dont Bernard et Françoise Appy ont fait en France l'axe majeur de leur combat pour un enseignement rénové[9] :

« Un travail pédagogique expressément orienté par la recherche méthodique de sa plus grande productivité tendrait donc à réduire consciemment l'écart entre le niveau d'émission et le niveau de réception, soit que l'on élève le niveau de réception en livrant en même temps que le message le code de son déchiffrement dans une expression (verbale, graphique ou gestuelle) dont le code est déjà maîtrisé par le récepteur, soit que l'on abaisse provisoirement le niveau d'émission conformément à un

---

9. Dans le cadre de leur association de la Troisième Voie (pour tous renseignements moins succincts que ceux que je peux donner, voir http://appy.ecole.free.fr/3evoie.). Pour résumer la philosophie d'une démarche inspirée par les meilleurs des pédagogues d'outre-Atlantique (en particulier ceux du projet Follow Through, à la fin des années 1960), que l'on retrouve, en français, dans les ouvrages de Clermont Gauthier, le savoir est mis au centre du système. Les connaissances enseignées doivent s'organiser selon des programmes précis et progressifs, partant toujours du simple pour aller au complexe. Le maître est un passeur – la transmission est au cœur de son enseignement. Le « par cœur » y est poussé jusqu'au « sur-apprentissage », c'est-à-dire l'automatisme par mémorisation. L'enfant apprend en classe, dès la maternelle, à devenir élève, membre d'une communauté qui est tout entière visée par l'enseignement d'une commune culture.

programme de progression contrôlée où chaque message a pour fonction de préparer la réception du message du niveau d'émission supérieur, donc de produire une élévation continue du niveau de réception en donnant aux récepteurs les moyens d'acquérir, par la répétition de l'émission et par l'exercice, la possession complète du code. »

Pour résumer, à l'intention de ceux qui ne parlent pas le Bourdieu dans le texte, le discours *ex cathedra*, le cours magistral, ne fonctionne que dans la connivence intellectuelle entre tenants d'une même culture. Mais la diversité des élèves impose au maître un ajustement permanent, au sein d'une progression concertée, pour atteindre les enfants les moins complices des sous-entendus culturels et du langage qui les exprime. Je rappelle que *La Reproduction* est antérieure à Mai 68 et à la « massification » des années 1970 : ce que B/P décrivent là, c'est le programme qu'il fallait adopter, et que l'on peut toujours adopter, en formant les maîtres à la diversité de leurs élèves, et en imaginant des programmes suffisamment progressifs pour qu'ils passent aussi bien auprès des « fils de bourgeois » que des filles de personne. Le problème, c'est qu'on a voulu ne lire chez B/P que ce qui satisfaisait les a priori idéologiques d'une poignée de fanatiques, qui ont conclu un peu vite que tout ce qui appartenait à l'univers culturel dominant était le Mal, et qu'il fallait par conséquent se mettre à l'écoute des élèves. La diversité initiale des discours du maître, ce tour de force quotidien par lequel nous nous adressons à des publics hétérogènes, n'a pas d'autre but que d'unifier ces publics, de les homogénéiser dans la conquête de savoirs toujours plus complexes, et enfin de les faire participer à la culture commune. Le but du maître, c'est de parler un jour d'une seule voix à des élèves qui le comprendront, de bâtir une connivence culturelle nécessaire pour survivre dans une société où cette culture est la norme. Bref, d'en faire des « bourgeois » – *horresco referens*…

En finir avec toute idéologie dans l'enseignement de la pédagogie. Il y a des méthodes plus ou moins efficaces, il en est même de détestables, il n'en est pas de « bourgeoises ». S'il est un idéal commun à tous les enseignants, c'est de permettre à chaque élève d'aller au plus haut de ses capacités, quels que soient sa classe sociale, son rang de fortune, ou la couleur de sa peau. S'il est un idéal commun à tous les élèves, c'est de se retrouver, un jour, plus loin que leurs parents.

L'historique de la pédagogie est un enseignement plein d'intérêt. J'attends avec impatience l'enseignant qui parlera au passé du pédagogisme, cette expérience létale des années 1970 à 2000.

Admettre une fois pour toutes que la transmission est au cœur de l'enseignement. Et que l'on ne transmet jamais que la culture dominante, comme on n'apprend bien que la langue dominante. On ne progresse pas, on ne vit pas dans un patchwork linguistique ; on n'est pas bien, assis entre deux cultures, et il n'y a que les mobylettes qui fonctionnent au mélange. Quand bien même on voudrait former des révolutionnaires, ce n'est certainement pas en les privant de culture bourgeoise qu'on obtiendra les meilleurs résultats. Mai 68, révolte intellectuelle s'il en fut, est là pour le prouver. Au contraire : c'est en saturant l'élève de culture bourgeoise que l'on obtiendra peut-être un sursaut de révolte – ce que l'on appelle ordinairement « créativité ».

Bâtir explicitement les programmes sur la notion de progression raisonnée, ce qui suppose un travail permanent de l'élève.

Admettre une fois pour toutes que l'élève n'est pas exactement l'enfant qu'il recouvre. Le petit individu doit apprendre en classe à devenir un être de travail, d'écoute et de responsabilité.

Chapitre 5

La liberté pédagogique – et après...

> « Dans un contexte de glorification d'un âge d'or de l'école qui n'a jamais existé, de propagande pour le retour aux “bonnes vieilles méthodes”, qui ont tellement fait leurs preuves que tous les ministres successifs depuis la fin des années 1960, de droite et de gauche, se sont employés à tenter de changer l'école pour prendre en compte l'évolution de la société, des savoirs, des modes de vie, surgit naturellement cette vieille lune, la liberté pédagogique. »

Ainsi parle [1] l'un de ces IEN (Inspecteurs primaires) qui font la pluie et le beau temps dans les

1. Pierre Frackowiack, « La liberté pédagogique des enseignants, alibi des conservateurs, obstacle à la construction de l'école du XXIe siècle » (consultable sur le site de l'UNSA, Union nationale des syndicats autonomes, http://www.unsa-education.org/sien/sections/lille/libpedPF.htm).

classes élémentaires. Mais Pierre Frackowiack n'est pas seulement le tyrannosaure de la région Nord-Pas-de-Calais. Il est aussi chargé du secteur Éducation au PS, responsable syndical, grande gueule patentée du pédagogisme – et, grâce à Gilles de Robien, il a passé aussi, un temps, pour une victime des menées réactionnaires (forcément...) du ministère.

On a toujours intérêt à lire les déclarations des seconds couteaux. C'est là que l'idéologie s'exprime au plus clair. Jamais Philippe Meirieu, manitou de la secte, n'aurait la maladresse – en public, tout du moins – d'affirmer que « parler de liberté pédagogique est l'expression d'une certaine malhonnêteté intellectuelle et morale ». Il est pourtant la référence constante de ce tyranneau des banlieues lilloises – en particulier son ouvrage *L'École ou la guerre civile*[2].

Quel est l'enjeu de cette liberté pédagogique tant décriée ? Et comment se peut-il que des « pédagogues » la fustigent aussi allégrement, comme si la liberté, en pédagogie, était le répulsif des « bonnes » pratiques de classe ?

La question se pose d'autant plus que Xavier Darcos vient de faire de cette liberté pédagogique

2. Avec Marc Guiraud (Plon, 1997). Il en est de la Vulgate pédagogiste comme de la Bible : elle a été coulée dans le bronze, et ce qui a été écrit hier passe pour actuel dans les siècles des siècles. C'est véritablement une morale religieuse qui anime ces pauvres gens.

l'article premier des droits de l'enseignant. Un ministre qui fut professeur, puis Inspecteur général et doyen de l'Inspection générale de lettres peut-il avoir tort face à l'un de ses subordonnés ?

L'enjeu, parce qu'il touche d'abord les écoles communales, le « primaire » comme on dit, est bien plus important qu'on ne veut se l'avouer. C'est même là le nœud de l'affrontement : d'un côté des « libéraux », de l'autre des idéologues. Rien n'interdit même d'en faire le symbole des conflits ouverts ou sous-jacents du système français, tant nous sommes imprégnés de certitudes, et peu enclins au pragmatisme de la liberté. Deux modèles de civilisation sont ici aux prises : les disputes apparemment techniques sur les méthodes de lecture, ravivées sous le ministère de Gilles de Robien, sont la partie émergée d'un iceberg de positions antagonistes.

« La liberté pour quoi faire ? » demande brutalement notre inspecteur. Pour se laisser aller à l'apologie du « charisme » ou du « talent », bêtes noires des sciences de l'éducation, à dispenser un « enseignement frontal », à mettre « le maître au centre du système » – ces antithèses de la loi Jospin de 1989 et du vrai « professionnalisme » tant recherché par les Pédagogues... Suit le plaidoyer *pro domo* – fonction oblige : « La liberté pédagogique permet également de résister aux corps d'inspection quand ceux-ci tentent d'encourager l'innovation. » Et de glisser vers l'élaboration d'une nouvelle pédagogie, où le « sens » ne serait plus dans la transmission verticale d'un savoir, mais dans un dialogue *a priori* constructif : « Comme si le modèle de la transmission était le seul modèle pédagogique universel et éternel… » Alors que, paraît-il, « les élèves, eux, supportent de moins en moins ce modèle, dans lequel ils ne peuvent ni évoquer leurs propres savoirs, ni s'exprimer et raisonner, ni proposer. »

Nous revoilà dans l'obsession de « l'expression ». Le maître doit se mettre à l'écoute, s'assurer que la transmission n'est pas à sens unique, admettre qu'il a tant de choses à apprendre des élèves… Nous voici surtout dans une conception du métier d'enseignant tout à fait nouvelle, et totalement technicisée : les pédagogues vivent dans cette illusion qu'une « professionnalisation », susceptible d'être enseignée en IUFM, suffirait à résoudre tous les problèmes, tous les conflits inhérents au métier, et au face-à-face avec les élèves. « La liberté pédagogique, continue Frackowiack, s'oppose à la notion de professionnalisme, de compétence professionnelle. Elle s'oppose à la notion de responsabilité. »

L'air de rien, on a glissé en quelques lignes d'une fonction d'instruction à une mission d'éducation. L'enseignant serait avant tout éducateur, « professeur de citoyenneté », dit notre archonte.

Qu'y a-t-il derrière ces certitudes ?

D'abord une conviction liée à la « massification » de l'enseignement intervenue assez rapidement après le choix du collège unique : seule une modification en profondeur des attitudes enseignantes peut répondre à ces « nouveaux publics » issus de milieux défavorisés, de familles brinquebalées, de situations économiques en crise permanente. Seuls une écoute, un dialogue réel, peuvent conduire à « construire » une relation qui sera la clé de voûte d'un enseignement dont le moins que l'on puisse dire est qu'il ne doit pas transbahuter les vieilles lunes bourgeoises, cette idéologie de l'uniculture évoquée plus haut à propos de Bourdieu. Rien d'étonnant à ce que ces pédagogues se prétendent presque tous à gauche, quoiqu'ils entretiennent d'excellents rapports avec des hommes de droite, surtout quand ces derniers sont au pouvoir, et qu'ils fassent le jeu du plus archaïque des libéralismes, comme nous le verrons plus loin. Qu'ils en aient déduit qu'il y a deux manières d'apprendre à lire, l'une « bourgeoise » et l'autre « prolétarienne », est plus inquiétant. Et puissamment significatif en tout cas de la façon dont l'idéologie déteint sur la pédagogie, et finit par s'y substituer, quels que soient les dégâts subis entre-temps par une ou deux générations d'élèves – moins leurs propres enfants, sagement inscrits dans une institution privée rétrograde mais sûre.

Retour à Frackowiack. Le texte auquel je me réfère n'a pas deux ans, et il s'inscrivait déjà dans la lutte au couteau entre partis afin, pour les uns, de récupérer un électorat autrefois fidèle mais qui leur fait défaut depuis Allègre et 2002, et, pour les autres, de surfer sur une exaspération de plus en plus audible dans les cours de récré ou les salles de profs. La charge finale de notre inspecteur assaille par avance la politique de Xavier Darcos – en tout cas, les positions des associations qui le soutiennent, avec ou sans arrière-pensées : « La sacralisation de la liberté pédagogique, l'abandon du projet d'établissement, des cycles, du travail d'équipe, le renforcement de l'autorité au niveau des discours, le mépris pour la pédagogie, le rejet des travaux croisés ne résoudront aucun des problèmes de l'école. »

En mélangeant tant de données hétérodoxes, l'auteur tente de sauver ce qui peut l'être (projets d'établissement, qu'une autonomie de plus en plus grande encouragera forcément, ou les « travaux croisés », autre nom de ce « travail d'équipe » qui s'organise inévitablement autour de « projets » grandioses, et non dans le « bricolage » improvisé qui peut se mettre en place entre enseignants d'une même classe, avec des résultats souvent significatifs – mais peu orthodoxes). Philippe Meirieu a compris depuis un certain temps que, pour survivre, il lui fallait présenter un pédagogisme « propre ». Tout comme Alain Bentolila, qui, après avoir fait les beaux jours de méthodes de lecture trop souvent inefficaces, et détourné les « entretiens Nathan », colloque annuel sur l'éducation, en une tribune du pédagogisme le plus pur et dur, infléchit son discours et critique vertement ce qu'il a adoré. Opportunisme ou prise de conscience, peu importe, au fond. L'idéologie peut, dans l'adversité, se révéler à géométrie variable.

Décréter la liberté pédagogique pour tous les enseignants, dans toutes les matières, à tous les niveaux – ou, si l'on préfère, appliquer enfin la loi Fillon.

Dans ce cadre, un professeur sera libre de suivre ou non cet enseignement en « séquences pédagogiques », qui est devenu au fil des ans un carcan pour de très nombreux enseignants – mais un garde-fou pour d'autres. En aucun cas on ne pourra lui reprocher de s'y plier ou non.

Parallèlement, donner des objectifs précis à chaque classe, ou à chaque cycle, et offrir pour mission aux inspecteurs de veiller à ce que ces objectifs soient remplis. J'avais déjà, dans *À bonne école*, suggéré qu'on inspecte un enseignant en deux temps – en début et en fin d'année –, afin d'apprécier d'abord l'état de ses élèves, et de voir comment, en quelques mois, il les aura fait passer du point A au point B. C'est le seul moyen pour égaliser les barèmes et les appréciations, entre l'enseignant affecté dans un établissement difficile, et celui ronronnant dans un lycée d'élite.

Chapitre 6
Par cœur

« Notre âme s'élargit d'autant plus qu'elle se remplit. »

MONTAIGNE [1]

« Remember ! » cria Charles Ier avant que la hache du bourreau ne lui tranche le cou. « Souvenez-vous » : c'est qu'il n'avait pas étudié sous la férule des pédagogues modernes, qui opposent mémorisation et compréhension, arguant que le « par cœur » ne requiert aucune interrogation sur le sens, et qu'il est bien plus habile d'entraîner les enfants à construire eux-mêmes leur savoir que de leur infliger, *a priori*, le dur exercice de pure mémoire. Pauvre roi Charles – plus personne ne

1. *Essais*, I, 25.

saura donc qu'on l'a décapité le 30 janvier 1649 à Londres. Pas nos élèves en tout cas – pas plus qu'ils ne savent que Charlemagne fut couronné en l'an 800, et la bataille de Marignan gagnée en 1515.

Quelle importance, direz-vous ? C'est par une foule de petits détails sans importance que nous construisons notre langue, et notre identification. Théorème de Pythagore, Révocation de l'édit de Nantes ou « Le dormeur du val », tout ce que nous avons appris par cœur nous structure, nous « institue » au sens pur du terme, nous tient debout, pour une vie entière.

La mémoire a mauvaise presse, le « par cœur » est dénigré. « Psittacisme ! » hurlent en chœur les ignorants tout contents de savoir dire « perroquet » en grec. Ce qu'il y a de mécanique dans ces apprentissages semble insupportable à ceux qui placent, comme ils disent, « l'élève au centre du système » éducatif.

Que mémoire et sens soient concomitants ne paraît pas les effleurer.

Comment l'enfant apprend-il à parler ? En répétant – en apprenant par cœur, et en répétant. Répéter quoi ? Les mots de ses parents d'abord. Nous savons tous que c'est la raison pour laquelle il faut éviter les infantilismes et donner au bébé, dès les premières secondes de la vie, un vocabulaire varié articulé selon une grammaire précise qui forgera les connexions syntaxiques et neuronales…

– bref, du sens. Comme s'amusait à le noter jadis Marcel Gotlib, ne dites pas : « Oh ! Bébé zouli a bobo ? Papa va fé bibi ! Fini bobo ! », mais dites : « Ciel ! Le charmant bambin ressent donc une vive douleur céans ? Un baiser sur ce front pur aura pour effet immédiat de chasser sur l'heure cette sensibilisation de quelque nerf maltraité[2] ! »

Ou quelque chose comme ça…

« Oui, mais quand la langue des parents défaille, ou quand elle est autre… » C'est là qu'intervient la finalité la plus noble du « par cœur » scolaire. « Sans mentir, si votre ramage… » Qui connaîtrait encore ce mot de « ramage » si on n'avait pas appris « Le Corbeau et le Renard » ?

Les structures linguistiques de ce que nous apprenons s'ancrent et s'encrent en nous par couches successives, au gré d'un feuilletage qui constitue la matrice de ce que nous disons, de ce que nous rédigeons. En parlant, en écrivant, nous assimilons le palimpseste sans même nous en apercevoir, et des structures complexes, une rhétorique accomplie, un vocabulaire précis montent à nos lèvres ou nous coulent des doigts. Regardez les comédiens – les grands, ceux qui ont beaucoup donné, particulièrement au théâtre ; dans la conversation de Jouvet, de Noiret, de Bouquet (Michel !) ou de Huppert (Isabelle…), on entend en

2. Marcel Gotlib, *La Rubrique-à-brac*, n° 5, Dargaud, 1974.

transparence floue la langue de Giraudoux, de Molière, d'Ibsen ou de Virginia Woolf.

Dès lors, refuser le « par cœur » à des enfants, à des adolescents, pour ne pas prendre le risque de les faire trop travailler, c'est les couper de toute chance d'apprivoiser la langue – et les autres. Le « par cœur » seul égalise les hasards de la naissance.

Sans parler du bonheur qu'éprouve un gosse, souvent, à débiter, chez lui, sa récitation du jour, et à la restituer en classe, quitte à rougir ou à transpirer d'angoisse.

Et c'est si facilement générateur de bonnes notes...

Par cœur – et certes le cœur y a sa place. « Tu parles comme un livre », soupirait une jeune fille amoureuse à l'oreille d'un certain jeune homme. C'est qu'il avait lu bien des livres, le bougre... Et cinquante ans plus tard, malgré les orages, c'est la même langue accomplie, chargée de strates et de sens, qui structure leurs échanges, et même leurs chamailleries. Et vous voudriez que moi, leur fils, je ne célèbre pas le « par cœur », alors qu'ils s'aimaient pour l'amour des mots ?

Alors La Fontaine, bien sûr, Hugo, évidemment, Baudelaire ou Rimbaud, ça va de soi. Mais aussi Paul Fort, Verhaeren, Char, Éluard, Desnos, et tant d'autres – et de la prose aussi, et des récits, et du théâtre – toute la lyre.

Mais aussi les tables de multiplication : le « par cœur » fournit des réflexes qu'aucune calculatrice ne remplacera jamais. À noter que les crétins prétendument ivres de sens qui fustigent les exercices de mémoire préconisent des machines dont l'usage interdit toute opération de l'esprit... À moins qu'ils ne supposent que pour calculer 3 × 7, l'enfant doive se représenter, à chaque fois, un rectangle de 3 par 7, et compter les petites cases. Quand ils en seront à des multiplications à dix chiffres, ça risque de prendre du temps, de construire son propre savoir[3]...

Deux et deux quatre
Quatre et quatre huit
Huit et huit font seize,
Répétez dit le maître.

On connaît le poème de Prévert. On sait que c'est au bout de la répétition, au bout du « par cœur », que

les vitres redeviennent sable
l'encre redevient eau
les pupitres redeviennent arbres
la craie redevient falaise
le porte-plume redevient oiseau.

---

3. Voir sur http://www.nychold.com/raimi-mem02.html le raisonnement convaincant de Ralph Raimi, membre du département de mathématiques de l'université de Rochester, New York. Merci à MD de me l'avoir communiqué.

L'enfant taquiné par l'oiseau-lyre ne saura écouter sa chanson qu'après l'apprentissage laborieux – et parfois contre cet apprentissage : vous voulez former des rebelles de talent, et non des sauvageons mutilés ? Donnez-leur les mots des autres, ils les feront leurs. Contrairement à ce que pensaient Bourdieu et Passeron, les « héritiers », ceux à qui on a transmis ces valeurs « bourgeoises » sur lesquelles crachent tant de bourgeois, sont les mieux à même de s'insurger un jour contre les valeurs établies, et d'en créer d'autres – n'est-ce pas ce que firent Passeron et Bourdieu ? Voir Flaubert : qui mieux que ce bourgeois rouennais sut fustiger les mœurs et les idées reçues de la bourgeoisie ? Qui peut croire qu'il y aurait des écrivains d'essence prolétarienne (Zola ou Camus, qui sont devenus à leur corps défendant les parangons du PC – le « politiquement correct »), des hommes dont les œuvres sont fréquentables, et de l'autre des auteurs contaminés d'aristocratisme ou d'élitisme (Racine ? Saint-Simon ? Laclos ?) qu'il ne faudrait surtout pas côtoyer quand on a quinze ans ?

Ce que l'on apprend à l'école reste toute la vie : le « par cœur » structure l'adulte comme il informe l'enfant. Cécile Ladjali signale dans *Mauvaise Langue* que des malades atteints d'Alzheimer ont souvent tout oublié, jusqu'au visage de leurs proches, mais qu'ils s'accrochent encore à des récitations apprises des décennies avant. Primo Levi a survécu à Auschwitz en récitant à son ami Piccolo des passages entiers de Dante – quel meilleur décor pour se remémorer l'Enfer… « Le texte de l'autre est cousu sur notre peau », écrit-elle avec force.

Deux raisons donc pour apprendre « par cœur ». La commodité, d'abord. La mémoire est un muscle qu'il faut exercer, et l'apprentissage des tables de multiplication prélude à celui des numéros de téléphone, de carte bancaire ou de digicode. Psittacisme ? Peut-être – mais ça vous simplifie la vie.

La beauté ensuite, la beauté d'abord, la beauté tout le temps. Pourquoi « Demain dès l'aube » ? Parce qu'en douze vers, Hugo déploie tous les charmes conjugués de l'émotion et de la rhétorique (et peu importe qu'il fasse passer l'émotion avec de la rhétorique : « Sans technique un don n'est rien qu'une sale manie », dit fort justement Brassens – à rebours de tous les pédagogismes). Et il n'est jamais trop tôt pour confronter l'enfant aux sortilèges de la littérature. Un texte est un paysage choisi, architecture savante ou improbable, et très vite un être aimé : « Je ne puis demeurer loin de toi plus longtemps ». Qu'est-ce qu'il faut de cuistrerie et d'impuissance pour interdire aux élèves de se frotter dès l'enfance à des mots si joliment agencés, des mots qui prennent et redonnent vie, s'offrent à vous, et se laissent mâcher et remâcher pour en exprimer les beautés et les artifices ! Interdire « Les Deux Pigeons », ou « Le Loup et le Chien », déconseiller Ronsard ou Verlaine, Baudelaire ou Rimbaud... Qui sont les cuistres ?

Pendant ce temps, un manuel de littérature de seconde propose à des élèves qui ne nous ont rien fait d'analyser un texte de Philippe Meirieu... Ah, *Émile, reviens vite... ils sont devenus fous*[4] ne se goûte pas exactement comme *Le Rouge et le Noir* ou *Cyrano de Bergerac* !

Question subsidiaire : que faut-il voir dans cette mode qui depuis vingt ans déconseille les classiques ? Cuistrerie, lèche-cultisme ou masochisme – ou tout cela en même temps ? Je n'y répondrai pas : je laisse aux initiés le soin de remâcher la prose de l'inventeur des IUFM.

Culture d'« héritiers » ? Voire... Le « par cœur » n'est pas dépourvu, au fond, d'une dimension politique, éminemment « citoyenne », pour employer un mot si galvaudé aujourd'hui. On se souvient des héros de Bradbury, dans *Fahrenheit 451*, ces femmes et hommes-livres qui ont fait du « par cœur » la clé de leur résistance à l'oppression : qui ne comprend que les textes étudiés, la mémoire sollicitée sont le meilleur rempart contre l'amnésie par surabondance à laquelle nous conduisent aujourd'hui certains médias – et certains politiques ?

4. ESF éditeur, 1992.

Le « par cœur » est la dernière ligne de défense face à l'oppression, et face à la bêtise. Miguel Angel Estrella, dans la prison où l'avait confiné la dictature argentine, s'était fabriqué un clavier de papier, sur lequel il jouait, pour ne pas sombrer, les mélodies apprises, encore et encore – un peu de « par cœur » ne nuit pas non plus en musique. Jean-Paul Kauffmann, enlevé au Liban, otage enfermé dans le noir pendant des années, se récitait la liste des grands crus de Bordeaux – on mémorise bien ce qu'on a appris à aimer, et laisser chanter dans sa mémoire mouton-rothschild, margaux, haut-brion ou gruaud-larose était un pied de nez plaisant aux islamistes qui le retenaient prisonnier. Amis joggers, je vous le dis, en vérité : quand les jambes sont lourdes, les genoux vacillants, le souffle court, quand l'envie d'arrêter vous tenaille, récitez vos poèmes, faites le tour de la bibliothèque que vos maîtres vous ont patiemment instillée dans l'esprit, et vous ne sentirez plus, pour un temps, la fatigue.

C'est en apprenant par cœur des « classiques » que les « hommes-livres » résistent à la dictature qui prétend brûler les bibliothèques. Bien sûr, en 1953, Bradbury pensait aux autodafés hitlériens. Cinquante et quelques années plus tard, ce sont les nouveaux barbares qui incendient les écoles, dès que les banlieues ont une poussée de fièvre. J'entends d'ici ce que Hugo leur reprocherait :

C'est ton propre flambeau que tu viens de souffler !
Ce que ta rage impie et folle ose brûler,
C'est ton bien, ton trésor, ta dot, ton héritage !

Et le jeune émeutier d'aujourd'hui, après cent trente ans d'école obligatoire, risque, comme l'incendiaire de 1871, de répondre au poète qui lui reproche de mettre le feu aux bibliothèques : « Je ne sais pas lire » – pas bien, en tout cas.

Eh bien, qu'ils lisent Bradbury – et les autres. Ils verront que le « par cœur » est la première marche dans la résistance à l'oppression. Ce que vous avez appris par cœur est à vous à jamais, votre bien, votre miel : « Le lion est fait de mouton assimilé », dit Valéry. Savoir par cœur, se réciter Corneille ou Dante ou le Petit Chaperon rouge aux heures les plus noires. Tire la bobinette, et la chevillette cherra, et la prison s'entrouvrira. Dans la plus profonde geôle, le « par cœur » est une fenêtre ouverte. Être habité de textes, c'est être, comme Mallarmé, hanté par l'azur. Je parie pour l'albatros – contre le cloporte.

Ré-instituer la récitation, à tous les niveaux, de la grande section de maternelle au bac. Et exercer périodiquement la mémoire des élèves. Pennac raconte dans *Chagrin d'école* que lorsqu'il enseignait, il numérotait les textes qu'apprenaient ses élèves, et leur demandait, à brûle-pourpoint, de réciter, impromptu, le n° 12 ou le 63. La mémoire ne s'use que si l'on ne s'en sert pas.

Plus le public est hétérogène, plus il est linguistiquement étranger, plus **l'accent doit être mis sur l'apprentissage des textes**. Saint-John Perse rapporte que, passant dans une île du Pacifique mal repérée sur les cartes, il assista à une représentation d'*Esther*, où évoluaient des jeunes filles qui ignoraient tout de la langue française. Elles donnèrent, raconte-t-il, un spectacle digne des demoiselles de Saint-Cyr pour lesquelles Racine avait originellement produit la pièce, tant la langue du poète coulait de leurs lèvres en tournures impeccables et fluides. Est-ce de l'élitisme que de vouloir *donner* ?

Suggérer aux auteurs de manuels scolaires de clore chaque leçon sur un encadré de quelques lignes, qui la résumera dans ses points essentiels. Ma génération n'avait pour ainsi dire pas de devoirs écrits le soir – mais nous avions, tous les jours, à apprendre par cœur de petits résumés d'histoire, quelques lignes d'un poème, ou les vers de mirliton qui permettent de se rappeler, quelques décennies plus tard, à quoi est égal le carré de l'hypoténuse…

Chapitre 7

« Mourir d'extase » : apologie de la lecture

> « Était-ce lire ? Non, mais mourir d'extase. »
>
> JEAN-PAUL SARTRE [1]

« "Pince-moi", s'écrie Saïda, tout heureuse. Je la pince sur les fesses. (Elle veut partir.) "Non, attends, regarde. T'as déjà vu une zénana coupée ? Tu veux voir la mienne ? – Non, c'est dégueulasse." Après avoir défait ma braguette, je sors mon outil et le dévoile sous toutes ses coutures. "T'as vu qu'c'est pas sale ? – Ouais, j'ai vu. – Et si on s'enculait comme les grands ? – D'accord, mais si ma mère nous voit ?" Je la rassure : "Elle n'est pas là, ta mère.

1. *Les Mots*, Gallimard, 1964.

Enlève ta culotte." Après quelques secondes d'hésitation, elle s'exécute. Je m'approche d'elle, ma zénana entre les doigts. Saïda s'assied sur les fesses, entrouvre ses jambes pour m'offrir son intimité. Je dépose délicatement mon marteau sur son enclume et j'attends que les choses se fassent. "Alors, qu'est-ce qu'il faut faire ? – Rien, on s'encule, et c'est tout." Hacène intervient après avoir sagement suivi la leçon. "Moi aussi, j'veux enculer !" Il dégaine à son tour et m'imite. Au bout d'un instant, content d'avoir lui aussi enculé, Hacène remonte son pantalon. (La mère de Saïda l'appelle.) La fille crie aussitôt : "C'est ma mère !" Elle enfile sa culotte, et supplie une ultime fois : "Vous rapporterez rien, hein ! – Non, non, n'aie pas peur...", dis-je en même temps qu'Hacène. Dès le lendemain, tous les gones du Chaâba savaient que Saïda s'était fait enculer. »

On aura reconnu *Le Gone du Chaâba*[2], l'immortel livre pour enfants qui a valu à Azouz Begag une immense réputation lyonnaise et un poste de ministre... C'est une lecture que le libraire d'une amie enseignante conseille en troisième – « ou en seconde si les élèves ne sont pas assez mûrs ». Bientôt Faiza Guene, dont je ne saurais trop recommander la verve quasi bégaudienne (*Kiffe kiffe demain* ou *Du rêve pour les oufs* – les grands succès

2. Seuil, 1986.

actuels de Hachette Littératures qui jadis publia *La Vie, mode d'emploi* – le niveau baisse). Les programmes officiels[3] mélangent allégrement des textes tout à fait recommandables, les « classiques » de la littérature de jeunesse, de tout temps et de tous pays, et des productions plus récentes – plus « abordables », sans doute –, dont font partie, pour une classe ou une autre, les œuvres complètes d'Azouz Begag et de ses émules. Bientôt *Entre les murs*, ce néo-classique écrit en 2006 par François Bégaudeau, entièrement rédigé dans la langue si explicite du XIXe arrondissement de Paris…

Comprenons-nous bien : je ne suis pas bégueule, la situation décrite par Azouz Begag pourrait paraître drôle, avec beaucoup d'indulgence, tout classique a été un jour un moderne, et j'aime beaucoup la verve épaisse de San Antonio – un autre Lyonnais, mais un grand, lui…

Mais il y a des priorités. Des urgences. L'urgence, c'est aujourd'hui d'apprendre aux enfants, aux adolescents, la langue et la culture françaises, qui leur permettront de communiquer avec leurs enseignants, avec leurs futurs employeurs, avec des étudiants européens de passage en France, souvent sidérés de se trouver plus cultivés que le petit Français moyen – pour ne pas parler de ceux qui

---

3. Consultables, pour le collège, sur http://www.cndp.fr et http://www.ac-nancy-metz.fr.

ont tiré le gros lot, une inscription automatique en Zone d'Exclusion Programmée.

Les programmes pèchent par excès d'optimisme (« les enseignants feront le tri »), et par excès d'ambition (« lire tout et n'importe quoi »). On aurait bien plutôt intérêt à se recentrer sur quelques titres par niveau, quelques outils indispensables pour aller plus loin. Que l'on fasse des coups d'édition avec des sous-produits culturels, que l'on monte en épingle une adolescente délurée, que l'on donne en exemple la vulgarité rebaptisée « contre-culture », soit – la société du spectacle en a fait et en digérera bien d'autres. Mais que des enseignants soient à ce point esclaves des médias, et pensent que se complaire dans la langue de la rue plaira aux Pédagogues et à leurs épigones, non ! Trois fois non !

La plupart des instituteurs et des professeurs font de leur mieux pour transmettre une langue et une culture. Alors qu'on met en avant quelques illuminés autoproclamés avant-gardistes, qu'on encense ce que la littérature contemporaine fabrique de plus bas, qu'on donne des tribunes à des auteurs dont les œuvres pourraient, au mieux, pallier une pénurie de papier-toilette – surtout dans des écoles et des collèges qui en manquent chroniquement. Parents, enseignants, refusez la démagogie du n'importe quoi ! Pensez que ce que des enfants lisent à six ans comme à seize restera longtemps gravé dans leurs mémoires. Voulez-vous vraiment qu'ils se répètent, des années durant : « Tous les gones du Chaâba savaient que Saïda s'était fait enculer » ? Et je passe – je ne devrais pas, d'ailleurs – sur ce que de tels textes transbahutent de « valeurs » machistes et antiféministes. Et ce sont les partisans de la « citoyenneté » et de l'instruction civique qui les recommandent ? Allons donc !

Alain Bentolila, récemment interviewé sur le classement catastrophique de la France dans les diverses enquêtes qui évaluent les systèmes éducatifs, met volontiers en cause la carence de vocabulaire. Ce n'est pas faux, mais ça ne dit pas toute la vérité. Que certains, par leur déterminisme social, arrivent en classe avec un demi-dictionnaire dans la tête, ce fut toujours vrai. Que d'autres, par hasard de naissance, soient des voyageurs sans bagages, c'est évident. Mais l'école est là pour leur apprendre, compenser les hasards de la naissance – du moins devrait-elle le faire.

C'est vers trois ou quatre ans que l'école prend le relais – c'est elle qui doit enfoncer le clou linguistique et culturel[4]. Le maître y parviendra non en nivelant par le bas, en réduisant son vocabulaire, en ne donnant aux élèves que la maigre pitance de livres écrits « pour les jeunes » au présent de narration avec deux cents mots d'un vocabulaire étique,

4. Voir plus loin « Maternelles ».

mais en les confrontant à ce que la langue a fait de mieux, à ce que la science a imaginé de plus rigoureux. Un mot nouveau, dans un texte, c'est un diamant dans sa gangue. Un livre entier, un coffret à bijoux.

L'école doit être la bibliothèque de ceux qui n'ont pas de livres. « La bibliothèque, c'était le monde pris dans un miroir ; elle en avait l'épaisseur infinie, la variété, l'imprévisibilité » : c'est ainsi que le petit Sartre vit ses années d'enfance, petit solitaire enfermé dans la bibliothèque Schweitzer : « J'avais trouvé ma religion : rien ne me parut plus important qu'un livre ». Et Jules Vallès, dans *L'Enfant*, se décrit enfoncé dans la lecture de *Robinson Crusoé* : « J'ai le cou brisé, la nuque qui me fait mal, la poitrine creuse ; je suis resté penché sur les chapitres sans lever la tête, sans entendre rien, dévoré par la curiosité, collé aux flancs de Robinson, pris d'une émotion immense, remué jusqu'au fond de la cervelle et jusqu'au fond du cœur… » Peu d'écrivains ont mieux dit la volupté de lire, quand on s'évade, quand on s'oublie. « Non pour échapper au monde, non pour le fuir : pour le retrouver », dit Danièle Sallenave[5]. « Ce qui définit la vie ordinaire, explique-t-elle, ce qui fait, de la vie ordinaire, une vie mutilée, c'est que les livres y manquent, le savoir qui passe par les livres (car le savoir qui passe par les livres n'entre pas en nous de la même façon

5. Danièle Sallenave, *Le Don des morts*, Gallimard, 1991.

que par l'image ou le discours ; il y a un privilège du livre sur tout le reste) ; la douleur qui passe par les livres, l'expérience, l'émotion, la compréhension du monde qui passent par les livres, mais surtout par le roman et le poème, la fiction littéraire. »

Rêvons de salles de classe pleines de livres. Rêvons de salles où, comme Montaigne dans sa librairie, on aurait recopié, sur des petits papiers punaisés sur les poutres ou les murs, les plus jolies phrases, les plus beaux textes. Rêvons d'une classe aux murs de poèmes, qui justement nous feraient rêver. Car le livre est un rêve éveillé, c'est le Dieu caché qui se révèle – ce n'est pas pour rien que les religions les plus triomphantes procèdent du Livre : elles ont compris, sans avoir recours à des Pédagogues, qu'une civilisation peut se construire sur des livres, et qu'elle peut mourir de ne plus y toucher.

Que lire ? La Fontaine ou Hugo, Musset ou Verlaine – ou même Albert Samain, ou les deux Maurice, Carême et Fombeure : tout vaut mieux que le fatras actuel de la « littérature enfantine ». Le petit Sartre n'a pas commencé par Kant, mais par *L'Épatant* et *Pardaillan* – on pourrait même se demander si l'exemple de ce huguenot ferraillant contre les catholiques dominateurs n'a pas fortement influencé le philosophe dans ses combats futurs. Et lorsqu'on doit choisir, que l'on n'a pas de livres à la maison, ce qui est le cas d'une majorité d'élèves, autant être dirigé tout de suite vers les classiques.

Giono au fond des Basses-Alpes, Genet du fond de son cachot ont appris à lire et à écrire avec les « classiques ». Ils ont cet avantage sur les modernes de ne pas se démoder, ce qui les rend perpétuellement modernes. Une conjuration de gredins a tenté de nous faire croire que les classiques étaient illisibles : trop longs, trop complexes, trop vieux. Mais des enfants qui, à huit ans comme à seize, dévorent sans encombre les énormes volumes de *Harry Potter* sont en mesure de lire Jules Verne ou Dumas ; des gosses qui sont passés sans broncher du film de Peter Jackson aux trois tomes du *Seigneur des anneaux* retrouvent leur chemin dans les méandres de n'importe quel livre, de *Gulliver* au *Bossu* ; et des adolescents « marchent » toujours au *Grand Meaulnes* ou au *Diable au corps*. La littérature jeunesse calibrée aujourd'hui pour les enfants n'est pas moderne, elle est éphémère.

Autant apprendre dès l'enfance des choses admirables.

Elles le sont, à bien y regarder, par une alchimie particulière de formes et de sens qu'on appelle ordinairement le génie, et qui génère le plaisir poétique à partir du plaisir musculaire de l'élocution. Ainsi entrent dans la tête les mots et les structures, que l'on reproduira sa vie durant. Occasion en même temps de confronter précocement les enfants aux siècles passés, à cette mémoire accumulée qu'on appelle une culture. De faire comprendre au petit Ben Jelloun, tout marocain qu'il soit, qu'il participe à cette culture et que ses professeurs du lycée français de Tanger l'ont consacré héritier d'une lignée d'enchanteurs qui commence avant Villon et qui se continue après Char. « Le petit Tahar, vous êtes sûr ? » Absolument. Relisez *Les amandiers sont morts de leurs blessures*, plus encore que *L'Enfant de sable* ou *La Nuit sacrée*, et vous y repérerez un lyrisme tout rimbaldien – un écho d'échos. Et ces formes apprises, cette langue assénée par ses maîtres, lui ont justement permis de ne pas oublier l'arabe. *Les Mille et Une Nuits* renaissent, dans la mémoire enfouie, au contact d'*Une saison en enfer*. Loin de gommer la mémoire des cultures parallèles, le « par cœur », parce qu'il instaure des mécanismes d'absorption et de restitution, est bien plus respectueux de la diversité culturelle que la sollicitude post-coloniale que décrit Gaston Kelman : imposer La Fontaine au fils ou à la fille[6] d'immigré, c'est lui ouvrir la porte, ici, et ne pas la lui fermer, là-bas.

---

6. Ce sont majoritairement les filles qui lisent. On est arrivé en une demi-génération à faire croire aux garçons que la lecture était une activité au-dessous de leur dignité de petits mâles testostéronisés. En ces temps de rééquilibrage des sexes, le machisme s'effraie, se crispe, et répudie les livres – une activité d'« intellos », comme ils disent pour ne pas dire « tantes ». Trop de garçons, hantés par le sentiment d'avoir d'ores et déjà perdu la partie, choisissent de se mutiler. Ainsi meurent les faux mâles.

Il existe déjà, dans les programmes et leurs compléments issus de l'Inspection générale, des listes de textes dont l'étude est « recommandée » – par niveaux. On pourrait l'alléger (donner un choix immense, c'est souvent induire en tentation – celle d'aller au plus simple). **On pourrait surtout éditer un « canon » de textes pour chaque niveau** (les cycles de deux ans en primaire, et chaque classe à partir de la sixième). Les photocopieuses fonctionnent trop, dans l'Éducation nationale. Outre que cela fait perdre beaucoup de temps et de papier, c'est aussi une incitation à la routine : on retire inlassablement, d'année en année, les vingt ou trente textes que l'on connaît le mieux, sans trop penser à se renouveler. Des anthologies adaptées aux élèves (qui existent déjà chez certains éditeurs, mais en parascolaire ou en littérature générale) sont infiniment souhaitables. Et si l'instituteur ou le professeur veut les enrichir, d'année en année, de ses petits bijoux préférés, libre à lui.

Pour faire confiance aux enseignants afin qu'ils confrontent leurs élèves à ce que la littérature a fait de mieux, encore faut-il être sûr qu'ils en aient connaissance. On n'apprend bien aux autres que ce que l'on aime soi-même.

La formation des maîtres ne doit pas négliger elle-même le « par cœur » : qui ne préférerait des élèves-professeurs versés en poésie, en théâtre, en règles mathématiques, plutôt qu'en pseudo-sciences de l'éducation ? Cela suppose une réorganisation de certains concours – la suppression de « l'épreuve sur dossier » du CAPES, par exemple, et son remplacement par une épreuve spécifique à la discipline.

Faire de la lecture et de l'écriture de textes l'axe majeur de l'enseignement du français, de la maternelle à l'université. C'est ainsi que je sauvegarderais « l'écriture d'invention », qui n'a d'autre légitimité que l'imitation, au sens le plus noble du terme. Le bac de français (voir chapitre XV) a tout intérêt à se recentrer sur l'explication et la production de textes, qu'il s'agisse de textes critiques (la dissertation n'est jamais qu'une imitation des meilleurs critiques) ou littéraires : et l'invention, qui n'invente rien mais permet d'évaluer l'imprégnation, est un exercice salutaire, s'il est bien mené. Ce serait même une façon de renouveler une épreuve qui s'essouffle, en suggérant la constitution de dossiers originaux – aucune chance d'en trouver le contenu sur Internet, comme c'est trop souvent le cas avec les actuels TPE, copiés-collés de matériaux de seconde main devant lesquels on nous somme de nous extasier.

Pour aller un peu plus loin… Il est urgentissime de réformer l'ensemble du cursus, en français, et un problème se pose : faut-il le faire du point de vue de Sirius, en imposant ce que nous croyons le mieux, ou tenir compte du niveau actuel – en attendant que des élèves bien formés en primaire accèdent à un collège rénové, et de là au lycée de nos rêves ? Établir, en fait, des « programmes intermédiaires », pour ne pas risquer de couler des élèves qui ne (nous) ont rien fait, et que la nécessité brutale de rédiger vraiment plongerait dans un grand embarras ?

La réponse la plus évidente est évidemment la plus mauvaise. En France, les ponts provisoires ont tendance à s'éterniser, et les demi-solutions à se perpétuer. Il faut imaginer dès à présent un bac sérieux, un bac sans concessions, dans toutes les disciplines – tout en mettant au point des épreuves qui permettent à tous de faire leurs preuves. On peut, en un an, former en première des élèves à la dure discipline de l'imitation – et ce qu'ils auront appris là leur permettra de mieux rédiger leurs dissertations de philosophie l'année suivante. On a voulu en 2000 supprimer la dissertation pour se mettre « au niveau des élèves » : ne risquons pas la même erreur, mais donnons par exemple aux candidats des dossiers critiques avec le sujet de dissertation : on jugera ainsi de leur capacité à exploiter un matériau intelligent, tout en les préparant, en sous-main, à la synthèse de documents qui est l'épreuve canonique des BTS.

Chapitre 8

L'école de Peter Pan

> « L'enfant ne désire rien de plus que de ne plus être enfant. »
>
> ALAIN

C'est une surprise toujours renouvelée de constater que le niveau de stress, dans une école à exigences dévaluées, monte sans cesse. Ce serait, clament certains, le résultat de la pression sociale, le poids du chômage, la course aux diplômes. Et, *in fine*, la faute à ces enseignants – réactionnaires, forcément réactionnaires – qui persistent à mettre des notes, parfois mauvaises, et alimentent cette « constante macabre » qui a fait la gloire éphémère de Monsieur Antibi.

Mais le paradoxe n'est, au fond, pas si criant que cela. Si l'école traditionnelle a un sens, c'est de baliser le chemin vers l'âge adulte et ses contraintes, en donnant une culture, des compétences, quelques savoirs fondamentaux – les moyens de s'en sortir, et de dépasser ses parents, ou tout au moins d'aller au bout de ses capacités. Si l'école que l'on nous a patiemment tricotée depuis une trentaine d'années a un objectif, c'est de maintenir les élèves dans l'illusion de l'enfance, de pérenniser le clivage entre les classes sociales, en perpétuant une irresponsabilité qui, forcément, se fracasse contre le retour de bâton de la réalité.

Le divorce entre l'école et le réel n'a jamais été si complet, et les élèves le sentent bien, parce qu'on a beau les flatter dans le sens de leur ignorance, ils entendent la vraie vie, qui n'est pas toujours rose, frapper à la porte. Et ils voient leurs parents, leurs grands-parents, qui ont connu, eux, une autre école que celle des méthodes idéo-visuelles, du tout-ludique et de l'Observation Raisonnée de la Langue, s'inquiéter pour eux – l'angoisse nourrit l'angoisse.

Tout a été combiné pour masquer le mode de fonctionnement de la vie adulte – la concurrence. Le « À bas la sélection ! » entonné par les plus inconscients des soixante-huitards mélangeait allégrement sélection scolaire et sélection naturelle : l'utopie majeure des pédagogues fous sortis de la mouvance christiano-libertaire, ce fut de contrarier Darwin, de croire que supprimer la sélection scolaire supprimerait, *de facto*, la sélection sociale[1], et, ce faisant, d'engendrer, à force d'appels à la « citoyenneté », une spirale de « décivilisation ».

Là encore, le paradoxe n'est qu'apparent.

Je me rappelle une vieille chanson enregistrée en juin 1968 par Évariste[2] – dialogue entre un père et son fils :

– *Mais si tu continues comme ça j'ai peur*
Que tu ne passes pas dans la classe supérieure...
– *Les différences de classes nous les abolirons*
C'est pour ça qu'on fait la révolution...

Mais les faits sont têtus, comme disait Vladimir Oulianov, et Darwin fait de la résistance... De la fin de la sélection au marasme actuel en passant par le collège unique, il y a une démarche logique – et incohérente.

Effet indirect du baby-boom, l'épidémie de jeunisme a revendiqué ses premières victimes après 1968, et a patiemment contaminé l'école au cours des années 1970-1980, avant que des slogans comme « l'élève au centre du système » ne fassent

---

1. C'est encore aujourd'hui le fonds de commerce d'un sociologue comme Éric Maurin, membre éminent de la commission Pochard.

2. De son vrai nom Joël Sternheimer, il était assistant chercheur en physique théorique à Princeton dans les années 1960. Venu par gag – et réaction anti-yéyé – à la chanson, il en retira dans le sillage de 1968 et de la bande de *Hara-Kiri* une notoriété qui lui a permis de se consacrer à des études scientifiques stimulantes (prix Philips en 1999).

du « jeune » un sujet, un décideur pédagogique, et, en même temps, un consommateur sans frein – en fait, une victime. Ne leur en déplaise, les pédagogistes sont les plus sûrs relais de ces entrepreneurs de spectacle dont le but ultime est de « procurer du temps de cerveau disponible pour Coca-Cola » – selon le mot immortel du patron de TF1, Patrick Le Lay. Que ces mêmes apprentis sorciers osent à présent imputer l'essentiel des errances intellectuelles des jeunes à la société du spectacle en général et à la télévision en particulier est l'un de ces retournements de l'histoire dont parlait naguère Marx – la farce après la tragédie. La société de consommation a trouvé des alliés inattendus, mais d'une efficacité redoutable. Dans l'école de Peter Pan, les enfants perdus ne le sont pas pour tout le monde.

Alors, certes, l'enfant moyen dort aujourd'hui une heure et demie de moins que l'enfant d'autrefois – une heure et demie passée devant les étranges lucarnes. Certes, trop de parents, pour avoir la paix, installent un poste de télévision dans la chambre de leurs rejetons. Certes, le niveau moyen est bien bas, de ce que nous proposent les chaînes – ne s'appelleraient-elles pas autrement si ce n'était le cas ?

Mais que l'école ait cessé, justement, de contrarier les tentations marchandes, et ait cédé à la tentation du ludique à tout prix, en ostracisant les enseignants qui résistaient encore à la démission des

Savoirs, voilà qui est plus original. Voilà qui explique en grande partie les difficultés actuelles, et notre dégringolade dans les classements internationaux. Les pays les plus performants en matière scolaire – qu'il s'agisse, en Europe, de la Russie, de la Finlande sa voisine, ou ailleurs de Singapour, du Japon ou de la Corée du Sud[3] – ont au moins un point en commun : l'extrême sérieux avec lequel ils prennent l'instruction publique.

Si l'école a un sens, c'est de faire passer le petit d'homme de l'enfance à l'adolescence, de l'adolescence à l'âge adulte, depuis quelques millions d'années que la transmission est au cœur de la race des hominidés : « … Par une prérogative particulière, non seulement chacun des hommes s'avance de jour en jour dans les sciences, mais tous les hommes ensemble y font un continuel progrès à mesure que l'univers vieillit, parce que la même chose arrive dans la succession des hommes que dans les âges différents d'un particulier » (Pascal, préface du *Traité du vide*, 1651).

C'est une longue tradition que les apprentis sorciers de la pédagogie ont tenté d'interrompre, dans le courant des années 1970-2000 – non sans succès. Mais n'est-ce pas le rêve de toutes les idéologies que de ramener *Homo sapiens* à un stade plus… mécanique ? Au bout de la logique libertaire

3. Classements PISA et Pearls 2006.

qui fut celle d'Ivan Ilitch (l'auteur de *La Société sans école*, Seuil, 1971) et de Gabriel Cohn-Bendit[4], il y a une logique totalitaire que les susnommés récuseraient violemment – mais dont ils font leur lit.

Car le plus extraordinaire, c'est que la plupart des expérimentateurs fous appartiennent, de bonne foi, à la gauche, et leur projet est cette fameuse « égalité des chances » au nom de laquelle on a commis tant de crimes pédagogiques. Les bonnes intentions des crétins tournent régulièrement à leur déconfiture – et à la nôtre. Dans un souci d'arracher les jeunes à la société de consommation, ils les lui ont livrés pieds, poings et consciences liés.

Instruire, au premier chef, forme la personnalité – appelons-la « Ego[5] », pour la distinguer de ce « Je » envahissant qui « exprime » des consciences

4. Co-fondateur du lycée autogéré de Saint-Nazaire : environ 150 élèves (pour une vingtaine d'enseignants), souvent problématiques, voire déscolarisés, sans proviseur ni CPE, ni agents d'entretien, sans obligation d'assister aux cours, et le taux de réussite au bac le plus faible de France. C'est *Libres enfants de Summerhill* version scolaire – une utopie sympathique, mais qui aurait avantageusement pu rester utopique. Que Gaby Cohn-Bendit ait été reçu et encouragé par l'actuel ministre de l'Éducation ne prouve qu'une chose : un gouvernement, pour être crédible en matière d'éducation, a intérêt à ne parler que d'une seule voix, sans qu'un ministre, qui n'en pense pas moins, soit obligé de faire des concessions – du bout des lèvres – à une techno-structure qui ne se gêne guère pour lui mettre des bâtons dans les roues.

5. Bien entendu, et pour me faire bien comprendre, non pas l'Ego d'égoïsme, mais celui de Stendhal et de l'égotisme, celui qui se construit sans cesse et construit son bonheur. Mon élitisme est celui des « happy few ».

où l'on n'a plus rien imprimé. Qui ne voit que les multiples sollicitations précoces, ce « quoi de neuf ? » ou ce « qu'en pensez-vous ? » érigés en pédagogie à tout faire, cet anti-savoir qui sans cesse rumine son chewing-gum et ses idées reçues, minent l'être avant même qu'il ne soit construit ? Le « Je » obsessionnel – le Moi-Je, ouverture et fin de tout discours « jeune » – cache mal la pauvreté de l'Ego. Nous ne nous construisons dans notre singularité que dans et par le regard des autres, de tous ces autres antérieurs à nous, ce feuilletage de consciences et de repères qui forme justement la Culture.

Et plus l'Ego est incertain, instable, intermittent de la société du spectacle, plus il faut lui donner de béquilles culturelles. Culture littéraire, historique et scientifique – êtres, événements et pensées qui paraissent extérieurs, voire étrangers, mais s'enlacent, s'entrelacent, pour aider à l'éclosion d'une personnalité authentique, dégagée de la gangue de l'imitation servile. On n'est soi qu'après avoir beaucoup appris d'autrui. Apprendre ne vous dépossède pas, mais permet au contraire d'entrer en puissance de soi-même.

Au début de la décennie 1980, Maurice Maschino, constatant que la philosophie qu'il enseignait en terminale tombait de plus en plus souvent dans le vide intersidéral de jeunes consciences annihilées par le simple effort d'être, posait ce qui était encore à son sens un problème : *Voulez-vous vraiment des enfants idiots*[6] ?

C'est aujourd'hui une question purement rhétorique.

Certes, il fallait bien alors un philosophe pour s'inquiéter de ce virus jeuniste, parce qu'en bout de système scolaire, le professeur de philo est souvent celui qui donne l'ultime chiquenaude pour faire passer l'adolescent dans l'âge d'homme (l'adolescente, elle, est déjà plus mature, ce que constatent chaque jour, au vu de leurs résultats, tous les enseignants de France et de Navarre).

Chiquenaude... Aujourd'hui, c'est à coups de pieds aux fesses qu'il faut tenter de faire de Tanguy un majeur[7].

Les marchands du temple ne détestent pas maintenir aussi longtemps que possible le consommateur au stade infantile. Le réflexe d'achat (ou d'absorption télévisuelle) s'apparente volontiers à un stade oral perpétué : tout est bon des sucreries que l'on nous propose. Et parallèlement (est-ce un hasard ? Je ne le crois pas, au fond) tout est fait, au sein du système éducatif comme dans la société du « monde réel », pour maintenir les ados en enfance – Peter Pan, plus un doigt de pornographie. D'un

6. Hachette, 1984.

7. Le succès du film d'Étienne Chatiliez (2001) n'est pas un épiphénomène. Il est significatif que le héros immature du film soit lui-même agrégé de philosophie : la boucle est bouclée, le « passeur » lui-même a choisi de rester sur la rive – en 2008, il y est toujours.

côté les industriels les enferment dans une bulle de surconsommation d'objets vite jetables, auxquels ils sont priés de s'identifier – être, pour trop d'ados, c'est avoir –, alors que l'adulte vrai choisit plus facilement des biens durables, à volupté immédiate moindre – épicurisme contre hédonisme. Ensuite, on a fait disparaître, les uns après les autres, les rites de passage (le service militaire) ou on les a tellement dévalorisés qu'ils ne jouent plus aucun rôle d'initiation : que ce soit l'entrée en sixième, le brevet, le bac – ou le bizutage, interdit par Ségolène Royal en 1998[8]... Enfin, on a modifié le rapport au Savoir, comme si la Connaissance était un obstacle à la consommation – et elle l'est effectivement. « Construire soi-même son propre savoir », ce slogan imbécile devenu loi en 1989, revient à se construire sans distance critique, dans un narcissisme magique, un stade anal perpétué : tout ce qui sort de soi est bel et bon. L'inversion de la relation

8. Bien entendu, je ne cautionne en rien certaines pratiques dégradantes, ou de racket, qui n'ont jamais constitué que l'extrême frange des rites de passage, dans quelques écoles plus ou moins militarisées. Mais l'aspect « bon enfant » du bizutage ordinaire était un moyen classique pour faire passer des adolescents souvent surprotégés dans le monde impitoyable des prépas ou des grandes écoles. L'interdiction sans nuances (de plus en plus régulièrement contournée) témoigne d'un désir de traiter encore et toujours les élèves comme des enfants. Il est en tout cas cohérent avec la politique d'une secrétaire d'État qui ne voyait dans les élèves que des proies pour prédateurs sexuels, ce qui a entraîné des dérives gravissimes (voir http://desirsdavenir.over-blog.com/article-1870012.html, et Marie-Monique Robin et David Charasse, *L'École du soupçon : les dérives de la lutte contre la pédophilie*, La Découverte, 2005).

au Savoir a fermé la porte d'entrée dans l'âge adulte. On s'extasie devant toute production de ces jeunes consciences pas encore débroussaillées. Oh, le joli caca…

Et c'est, en bout de chaîne, ce que valent aujourd'hui les diplômes. Le résultat de la course en avant – tous bacheliers ! tous licenciés ! – est une dévaluation de l'appareil de référence. Il est idiot de comparer le nombre de bacheliers des années 1960 au nombre actuel (83 % des inscrits en juin 2007, plus de 65 % d'une classe d'âge). Ce qui est significatif, c'est ce que l'on « achète » avec ce diplôme – et ce que l'on achetait, pour le même prix, il y a quarante ans. Le « passe ton bac d'abord » de Maurice Pialat en 1978 était déjà dérisoire : aujourd'hui, nous en sommes à « passe ton master d'abord » – tout aussi dérisoire, dans trop de cas.

Et les chefs d'entreprise, échaudés par trop de postulants surdiplômés mais incapables de formuler correctement trois phrases, ne savent plus à quel diplôme se vouer.

C'est à une extraordinaire perversion de l'idéal de « l'honnête homme » (le « kaloskagathos » grec, la combinaison du Beau et du Bon) que nous assistons dans l'école d'aujourd'hui. « Je ne sais qu'une chose, c'est que je ne sais rien » : il faut être déjà savant pour mesurer son ignorance. Plus on apprend, plus la surface de contact entre Savoir et

Ignorance s'accroît – plus on mesure ce qui reste à apprendre. Le Crétin formalisé de l'école pédagogique en reste à un savoir si minimal qu'il n'en est même pas à se rendre compte qu'il ignore tout.

L'abolition des estrades, dans les écoles, une initiative lancée en 1968 et finalisée au début des années 1990, fut la marque symbolique de cet étêtement des exigences. Le maître sur l'estrade donnait en spectacle son savoir, et le faisait descendre, symboliquement, sur les têtes des élèves – onction pédagogique. L'estrade mise au bûcher symbolisait la fin de ce cours magistral, de cette pédagogie « frontale », qui sert de repoussoir aux belles théories de la pédagogie non directive, participative et ludique – le mot fatal est lancé. On est passé d'une esthétique de la transmission au désordre déconstruit de la communication – tous azimuts, et qui suis-je, s'interroge l'enseignant « moderne », pour prétendre avoir la parole plutôt que Pierre, Paul ou Rachida ?

Déplorant l'abolition de l'estrade, Daniel Faivre ajoute, après avoir remarqué que les enseignant(e)s les moins grand(e)s se trouvèrent fort démuni(e)s quand on leur retira les « planches » sur lesquelles ils ou elles se donnaient en spectacle : « D'un point de vue physique et symbolique à la fois, la perte se révélait considérable. Le corps du professeur n'était plus sanctifié par la hauteur et la distance. Il ne captait plus tous les regards. Il n'était plus le repère rassurant, même si c'était pour s'opposer à lui [9]. »

Mauvaises pensées corrélées : professeur de français, auteur d'un ouvrage remarqué sur les collégiens de banlieue (*Ta mère Point Com*), longtemps responsable local du SNES – mais revenu du discours réactionnaire des archontes de ce syndicat, qui ignorent si délibérément les souhaits de leur base –, Daniel Faivre a osé dans le n° 8 de *Médium*, revue dirigée par Régis Debray, un éloge de l'uniforme à l'école qui ouvre une discussion moins dépassée qu'il n'y paraît. À l'occasion d'un jumelage de son établissement de Courbevoie (lycée Paul-Lapie) avec le lycée Sissowath de Phnom Penh, il a découvert à quel point le « modernisme » de nos élèves camouflait en fait une frilosité de pensée et de comportements que les petits Cambodgiens, impeccables dans leur tenue réglementaire, ont abandonnée depuis longtemps.

« Il y eut échange d'un petit film : quelques cours filmés et les sorties des lycées. De plus, filmées également, les réactions des élèves, ici et là-bas. La comparaison était confondante : au Cambodge, les visages étaient joyeux, rieurs, et les uniformes simples (pantalons et jupes bleu marine, chemises et chemisiers blancs) ajoutaient encore à cette

9. Daniel Faivre, « École obscène », in *Marianne 2* (http://www.marianne2.fr/Ecole-Obscene_a82261.html), 24 décembre 2007.

impression de bonheur d'apprendre et de vivre. Les visages fermés, aux expressions désabusées, les allures traînantes, comme dégoûtées, le corps avachi, l'écoute ironique ou indifférente et enfin, pour couronner le tout (il est vrai qu'en France c'était l'hiver), vêtements unisexes, pantalon blouson, noir en majorité, tout laissait à penser aux Cambodgiens qu'un drame profond frappait la France ! Eh bien, oui... la "modernité", issue de la fameuse révolution des mœurs, allie à la fois, à l'école, un égalitarisme sexuel moralisateur et misandre et un laisser-aller disciplinaire (encore un mot interdit !), ainsi que vestimentaire. Rien d'heureux dans les visages, les allures, les paroles. Mais une névrose agressive qui court. Oui, un drame profond frappe les écoles en France. Certains de nos jeunes Courbevoisiens souriaient même avec condescendance de la naïveté, de la simplicité – être heureux d'aller à l'école ! – de la "ringardise" des élèves cambodgiens. L'arrogance branchée se niche aussi dans ces coins-là. Qu'est-ce que le "jeune de banlieue" – marque déposée Canal+ ! – avec son MP3 et ses Nike a à voir avec les bouffons déguisés de Phnom Penh ? »

Et de noter, en homme véritablement de gauche qu'il est – donc vomi par tout le politiquement correct de la gauche officielle – que le mépris dont ses lycéens français couvraient les Cambodgiens révélait en fait leur assujettissement à la mode, aux « marques », au « look », à tout ce qui, d'évidence, nie la liberté, contrairement à ce que s'imaginent ces gosses déboussolés, maintenus en enfance servile par la démission des pédagogues. À force de leur donner la parole, de la quémander, de s'extasier devant leurs déjections, on a constitué une génération qui prend l'avoir pour l'être, le mépris de l'autre pour de la personnalité, et le sexisme pour la norme.

Et, au passage, en exaltant l'individualisme, on a rejeté tout ce qui était français – non au sens étroitement nationaliste du terme, mais au sens culturel, appartenance à une langue, à une communauté d'expression et de pensée. Le « exprimez-vous ! » de la Nouvelle Pédagogie est un refus borné de comprendre que l'on ne peut pas s'exprimer quand on n'a pas assimilé les mots, les codes, les réflexes de la culture dans laquelle on évolue.

La boucle se boucle quand l'enseignant, sommé de ne pas se prétendre différent de ses élèves, s'habille comme eux – et, effectivement, se fond dans le groupe, perd tout prestige en perdant sa prestance, et ne peut plus faire entendre cette dissonance majeure qu'est la voix de la Culture.

L'uniforme, une idée réactionnaire ? Pour en revenir à la France, nombre d'établissements d'outre-mer, aux Antilles et ailleurs, ont adopté l'uniforme comme une protection contre le conformisme de la mode du dehors – et contre les rackets nés de la tentation de la babiole, de l'objet « style », de l'accessoire – aux dépens de l'essentiel.

Penser qu'un ministre de l'Éducation fut obligé, il y a quelques années, de s'exprimer sur la visibilité du string en classe donne la mesure des préoccupations extrascolaires auxquelles nous sommes priés de répondre.

Quitte à passer pour un réactionnaire définitif, je supplie le lecteur de réfléchir sur un dernier point. La mixité, si célébrée quand elle a débarqué au cours des années 1970, est-elle une si bonne chose ? Les filles ne peuvent plus s'habiller en jupe ou en robe, elles sont contraintes au pantalon quand ce n'est pas au voile – et en même temps elles revendiquent leur féminité par les marques les plus obscènes, les plus vulgaires, les plus « bling-bling », que leur suggère la société de consommation. Corollaire, les garçons ne sont plus vus, dans nombre d'établissements, que comme des machos écervelés, des boules de testostérone – et Éric Zemmour pense, avec ce sens de la provocation qui est le sien, que l'on peut comprendre les réflexions oiseuses ou les réflexes animaux de ces grands boutonneux soudain confrontés à la féminité agressive des strings, des piercings exhibés, des décolletés vertigineux.

Les marques extérieures de la scolarité – ce qui faisait d'un établissement d'enseignement ce lieu « protégé du monde » dont rêvait Jean Zay – ont disparu. L'autorité[10] s'en est trouvée bien décontenancée. Voici que l'enseignant, autrefois tonitruant sur scène, est prié de se mettre « à l'écoute » des marmots. Il est significatif que les programmes aient très vite inclus dans les apprentissages indispensables une théorie de la Communication que ni Benveniste ni Jakobson n'avaient pensé construire pour des gosses de douze ans.

Sans compter que ce qui est enseigné sous ce doux vocable de « communication » est d'une fausseté absolue. Petite démonstration.

À un enseignant de français, de collège ou de lycée, en quête d'une accroche pour commencer l'année – comment prendre l'ascendant sur les petits monstres… –, je conseillerais d'analyser « Le Corbeau et le Renard », fable essentielle pour assimiler à jamais ce qu'est la communication[11].

---

10. Le mot vient du latin *auctoritas*, dérivé de *augere*, « augmenter » : il peut symboliser à lui seul le lien qui n'aurait jamais dû se rompre entre l'enseignant et l'élève, le premier augmentant, enrichissant la culture de l'autre – et non l'inverse !

11. Je reprends la belle définition qu'Alain Bentolila donnait de la communication en février 2007 sur les ondes de France Culture : « Nous devons obstinément apprendre à nos enfants que parler, ce n'est jamais parler à quelqu'un qui nous ressemble – même si, dans la plupart des cas, nous parlons à des gens qui nous ressemblent, qui croient dans les mêmes dieux que nous, qui pensent comme nous. La langue n'est pas faite pour cela : elle est faite pour parler à celui qui est différent de moi. La langue est d'abord faite pour parler à ceux que je n'aime pas. » (*in* Alain Finkielkraut (dir.), *La Querelle de l'école*, Stock-Éditions du Panama, 2007).

D'abord, l'écrire au tableau *sous leur dictée* – il se trouve toujours assez d'élèves pour l'avoir apprise en primaire : on semble leur donner la parole, mais pour les faire entrer en littérature. Puis reprendre les phrases, patiemment. Situation de communication, émetteur / récepteur / message : comment séduire, comment obtenir ce que l'on veut – un fromage (l'aspect « nourriture » alimente assez aisément la notion de « feed back » – on peut même jouer à réciter un verbe irrégulier anglais au passage). Que fait le renard, sinon « communiquer » c'est-à-dire, surtout, ne rien dire, ni sur lui (pas de « je » dans son discours direct, le seul à être rapporté entre guillemets par le fabuliste, sinon un « me » incident sans importance), ni sur l'objet du désir (le fromage) ? Au contraire, l'accent est mis sur l'Autre, ce récepteur que l'on met en vedette pour mieux le circonvenir – mieux le détruire. Il est dès lors facile d'évoquer des situations ordinaires de séduction – y compris de « drague » au sens où l'entendent les élèves. Mais surtout, il est aisé d'en arriver à la situation scolaire elle-même, qui est le lieu par excellence du théâtre, du faux-semblant, de l'imitation : l'élève doit faire le Renard avec le professeur pour décrocher le Fromage (la bonne note), ce qui implique le renoncement à ce « Je » dilaté si sollicité par les Pédagogues (« le Moi est haïssable », nous le savons bien, il est important de le leur dire), et l'application de techniques précises – faire ce que l'on vous demande, et pas ce que l'on croit penser. La communication ainsi disséquée permettra à l'élève de saisir ce qu'est le respect des consignes : efficacité dans la méthode, mais aussi signe envoyé au correcteur que nous parlons dans un même monde, une même culture, et que la rétribution (la note) est le produit d'un travail et d'une manipulation (consentie).

Ainsi, lorsque j'explique à mes élèves ce que l'on désire trouver dans l'introduction d'une dissertation ou d'une synthèse de documents, lorsque je les préviens que j'arrête de corriger à la cinquième faute d'orthographe, il ne s'agit en rien de lubies personnelles, mais des codes d'un genre. Ne pas les respecter, c'est demander directement son fromage au corbeau ou un baiser à sa voisine – sans succès. Aucune flagornerie dans ce respect des règles, qu'il s'agisse de règles de vie (la politesse, par exemple : trop d'élèves encombrent sans savoir-vivre les couloirs, claquent les portes au nez des enseignants et de leurs camarades, prennent la parole avec toute l'insolence du « naturel », etc.) ou de règles grammaticales. Que Molière ou Saint-Simon aient été courtisans ne les a pas empêchés, l'un et l'autre, de produire une œuvre exceptionnelle – et critique, car la vraie liberté et la vraie insolence procèdent d'une connaissance minutieuse des règles, et non de leur ignorance.

Et quelle préparation à tous les entretiens d'embauche ! Rien de plus « pratique » que La Fontaine : « Le Corbeau et le Renard » est une initiation de haut niveau à l'art de demander une augmentation de salaire[12], comme « Le Loup et l'Agneau » est une leçon sur l'art de parler à un supérieur vindicatif. La vraie initiation à l'entreprise, elle est là – pas dans je ne sais quel stage hors les murs de l'école.

Retour à 1968. Les jeunes lanceurs de pavé du joli mois de mai étaient, nous l'avons vu, gavés de culture classique. L'insurrection, comme toutes celles qui l'avaient précédée, de la Révolution française à la Commune, maniait les références culturelles avec volupté. Vous voulez former des esprits critiques ? Gavez-les de savoirs conventionnels. Prétendre qu'ils s'épanouiront mieux si on les laisse à l'état sauvage, ou sauvageon, c'est croire que le cannibale est bon. C'est confondre la friche et la civilisation.

Le stress croît allégrement sur ce terreau d'ignorance. Dès qu'il est confronté à la perspective d'une sélection, aussi minime soit-elle, le jeune d'aujourd'hui panique – et ses parents aussi, par contamination, ce qui alimente la spirale. Le voici enrégimenté par toutes ces officines parascolaires, cours du soir, aides à domicile, remédiations diverses, qui ont prospéré sur le marché de l'angoisse. Ou bien les géniteurs les plus fortunés,

---

12. Mais on peut aussi essayer *L'Augmentation* de Georges Pérec.

les plus avertis, se débrouillent pour faire inscrire leur enfant dans l'un ou l'autre de ces établissements d'élite qui se sont maintenus, contre programmes et marées, dans quelques centres-villes. Et le choc est alors frontal, entre l'école ou le collège qui ronronnait doucement, et le lycée haut de gamme ou l'institution privée du même métal. Rien d'étonnant à ce que l'enseignement confessionnel connaisse depuis quinze ans un renouveau exceptionnel : les apprentis sorciers de la pédagogie ont donné une seconde jeunesse – contre leurs convictions laïques, le plus souvent – à une école privée qui, depuis le petit père Combes, restait confinée dans les jolis quartiers où vivaient Marie-Chantal et ses parents.

Alors, disons-le tout haut. La sélection, l'élitisme, l'éloge permanent de la difficulté sont les meilleurs moyens de donner à l'enseignement public un second souffle. Ils sont les seuls moyens, aussi, d'offrir aux enfants les plus défavorisés les chances auxquelles leurs divers talents leur donnent droit. La vraie démocratisation est dans la reconnaissance de la variété des capacités, non dans l'alignement – par le bas – des savoir-faire. La vraie diversité, elle est là.

Les règlements intérieurs de chaque établissement sont déterminés par le conseil d'administration, structures paritaires où se retrouvent administration, enseignants, parents et élèves. C'est bien pour la démocratie, c'est souvent mauvais pour l'efficacité – trop d'intérêts antagonistes s'y confrontent. Tout en laissant à chaque établissement la possibilité d'infléchir le règlement en fonction des réalités locales, **il faut que l'État donne des règles générales** : après tout, il est capable d'imposer de ne pas fumer dans des locaux scolaires – une directive qui est généralement bien appliquée : il doit être capable de suggérer plus de rigueur dans la tenue vestimentaire, ou l'organisation pratique de la classe.

La liberté pédagogique ne se discute pas – sauf quand les enseignants sont formatés par des théories fumeuses, dans ces lieux de perdition que sont les IUFM. De même la notion d'« équipe pédagogique » est trop souvent contaminée par des considérations psychologisantes au mépris de l'intérêt réel des élèves. **Il faut déterminer pour chaque année scolaire des objectifs réalistes *et* exigeants**, qui laissent toutefois aux maîtres une grande latitude : être réaliste, c'est demander à chacun tout ce qui lui est possible – et un peu plus. L'éternel « peut mieux faire » des bulletins doit devenir la règle, pour les élèves comme pour les enseignants.

Parmi ces objectifs, la transmission de tous les savoirs fondamentaux d'une culture bien définie – la nôtre. Cette culture a été fignolée par quelques milliers d'années de civilisation – le carrefour hellénestico-romano-judéo-chrétien –, une pensée scientifique, une histoire et une géographie précises, une littérature diversement splendide. Et, avant tout, par une langue – celle qu'écrivent et parlent les maîtres, et non leurs disciples. Enseigner à l'élève la hiérarchie des talents, c'est l'aider à mettre en valeur les siens et, plus tard, à s'élever dans les hiérarchies sociales.

Si les associations de parents d'élèves doivent servir à quelque chose, c'est moins à harceler des enseignants chargés de tous les maux de la terre qu'à responsabiliser leurs adhérents, et les autres : éteignez la télé ! Jetez les consoles de jeux ! Et achetez des livres ! Dans les conseils de classe, les représentants de parents d'élèves viennent au mieux en observateurs, au pire en accusateurs. À quand un dialogue vraiment constructif sur un projet éducatif global ? Aux enseignants l'instruction, qui donne déjà bien des clés du monde ; aux parents l'éducation. C'était déjà le point de vue de Condorcet il y a plus de deux siècles. Avons-nous vraiment pensé mieux depuis ?

Chapitre 9

De l'autorité

« Le père a souffleté le fils. »
VICTOR HUGO [1]

Un enseignant, professeur de technologie, a donc giflé un élève, dans un collège de Maubeuge et de ses environs, ce 30 janvier 2008.

L'élève – un gosse de sixième qui exerçait sans doute cet imprescriptible droit à la liberté d'expression inscrit dans la loi Jospin de 1989 – venait de traiter de « connard » l'enseignant qui lui demandait de ranger sa table.

Et le digne père de l'épouvantable rejeton, gendarme de son état, s'est présenté en grand uniforme pour demander réparation. Il y a un siècle

1. « La paternité », in *La Légende des siècles.*

ou deux, peut-être aurait-il jeté son gant à la figure du professeur. Mais nous ne sommes plus dans des temps héroïques, et la mise au pilori avant jugement est désormais la règle. On a donc traîné le « coupable » au commissariat voisin, et on l'a interrogé, vingt-quatre heures durant, avant de l'inculper – et de le suspendre de tout enseignement (et, accessoirement, de tout traitement).

Légère disproportion entre un incident regrettable (en aucun cas un enseignant ne doit toucher un élève) et ce qu'en ont fait les condisciples de l'élève, l'infirmière[2] puis le principal de l'établissement. Ce qui aurait pu être traité en interne, avec force excuses réciproques, a pris les proportions d'un lynchage.

Xavier Darcos, sans préjuger des faits, a simplement remarqué que l'élève aussi devait être sanctionné – ce qui fut fait. Trois jours d'exclusion.

---

2. Il y aurait beaucoup à dire sur le rôle parfois équivoque des infirmières scolaires, qui écoutent les doléances des élèves (pourquoi pas ?), mais, psychologues improvisées et demi-habiles, croient dur comme fer à toutes les fabrications langagières d'enfants imaginatifs – ou mal intentionnés. Quand sévissait dans toute sa rigueur le « décret Ségolène » (voir http://desirsdavenir.over-blog.com/article-1870012.html) visant à combattre la pédophilie, une foule de procès reposant sur du vide ou des rumeurs fabriquées (voir Marie-Monique Robin et David Charasse, *L'École du soupçon : les dérives de la lutte contre la pédophilie*, la Découverte, 2005) ont été lancés grâce à ces courroies de transmission – à l'écoute et à la sur-interprétation. Pour certains apprentis psys, c'est *Les Risques du métier* (Cayatte/Jacques Brel, 1967) chaque jour.

Les temps ne sont plus ce qu'ils étaient à l'époque de l'élève-roi. De nombreuses voix, y compris celles des parents de la FCPE, se sont élevées pour noter cette disproportion entre un événement mineur et ce qu'en fait une hiérarchie soucieuse d'ouvrir tous les parapluies. Les médias n'ont pas demandé la tête de l'enseignant – plusieurs en ont profité pour ouvrir un débat sur l'autorité.

Deux façons d'envisager – et de renflouer – une autorité qui effectivement fait eau de toutes parts.

D'un côté, l'amont. Jamais l'image de l'enseignant n'a été si désastreuse dans l'opinion publique – les familles, et les enfants aussi. Dans un monde où le pouvoir doit être visible, et symétrique au nombre de Rolex accrochées à son bras, nous sommes peu de chose, avec un salaire de départ qui tourne autour de 1 300 euros pour un bac + 5 et quelques concours encore assez difficiles. La « revalorisation » annoncée par le président de la République tarde à venir. Les caisses sont vides ? Et les nôtres, qui avons perdu plus de 20 % de pouvoir d'achat en vingt ans ?

Amont, toujours. Les missions dont nous sommes chargés pèsent aussi sur notre image – et la part « culturelle » de l'autorité « naturelle » est beaucoup fonction d'image. Nous étions des passeurs de culture, nous sommes aujourd'hui de gentils animateurs.

Mais j'ai bon espoir que, dans un avenir extrêmement proche, l'élève ne sera plus au centre du système, ni prié (humblement) de « construire lui-même ses propres savoirs ». Les Pédagogues ont cherché par tous les moyens à humilier les enseignants – pour se grandir eux-mêmes, qui « apprenaient à apprendre ». Quand on aura dégonflé la baudruche des « sciences de l'éducation », quand on aura confié la formation des enseignants aux universitaires de leur discipline, et non à des gourous ou des Goigoux, on réinstaurera peut-être un peu plus de confiance dans les esprits des néo-profs – et des autres, qui finissent par douter.

En aval, il y a ce que nous sommes chargés de faire en classe. Une réfection complète de tous les programmes s'impose (elle est déjà là en primaire, le reste suit), qui mettra le savoir et la transmission au centre du système (c'est aujourd'hui une revendication de Meirieu – « Ce n'est pas la girouette qui tourne, disait un spécialiste de la palinodie[3], c'est le vent »). Quand les élèves consentiront à comprendre qu'ils viennent en classe pour qu'un spécialiste leur enseigne ce qu'il sait, et non pour consulter leurs portables dans une salle chauffée, nous aurons fait un grand pas.

Aval encore, la réinstauration d'une coupure nette entre instruction et éducation. Peut-être faudrait-il

3. Le président Edgar Faure.

re-responsabiliser les parents, qui se sont déchargés de bien des missions éducatives sur des enseignants qui n'en peuvent mais. Les baffes ne sont jamais une solution à quelque problème que ce soit, mais si les parents se montraient plus fermes envers Monchéri et Moncœur, nous n'en serions pas là.

Reste la question des sanctions – en attendant qu'un système idéal se mette en place. Le ministère doit impérativement sortir un cadre aux règlements intérieurs des établissements, en donnant à chacun la possibilité d'adapter les règles générales aux réalités locales. Que ce soit dans l'habillement, le vocabulaire, la prise de parole (il doit bien y avoir quelque part un Pédagogue pour se réjouir de la spontanéité linguistique du marmot qui a traité son prof de « connard ») ou la réintroduction d'estrades en classes, les établissements doivent être capables d'imposer des règles strictes – après tout, les écoles privées le font bien, c'est même pour cela qu'on les plébiscite, bien plus que pour leurs résultats. C'est à l'établissement de sanctionner, pas à l'enseignant. Quand les familles devront se coltiner leurs lardons trois jours ou une semaine parce qu'il aura été exclu pour insanité langagière, on y verra plus clair. Mais cela suppose un peu de courage de la part des chefs d'établissement – et là, sans doute, je rêve.

Donner de vrais pouvoirs aux conseils de discipline, en y renforçant la représentation des enseignants.

Élaborer des règlements intérieurs stricts, sur un cadre précis fourni par le ministère (autant limiter autant que possible les dérives laxistes de certains – les enseignants aiment parfois se tirer une balle dans le pied.). Ne plus tolérer d'agressions verbales ou physiques envers les enseignants, ou entre élèves. Le « respect », que les plus agressifs de ces marmots ont sans cesse à la bouche, crée bien plus de devoirs que de droits. On se met en rangs à l'école primaire, on se lève quand un adulte entre dans la salle, on ne claque pas les portes au nez des enseignants – ni à celui de ses camarades. Mille petites offenses à la civilité minent l'autorité, et finissent par la ruiner.

Donner à l'École la mission d'instruire, et responsabiliser les parents qui s'imaginent que leurs devoirs s'arrêtent à la sortie de la salle d'accouchement.

Prévoir une échelle de sanctions qui fasse comprendre à l'élève que la vraie punition, c'est d'être privé d'école. Une heure de colle est contre-productive – c'est instiller l'idée que venir au collège ou au lycée est une punition. Un devoir supplémentaire, c'est au contraire une chance…

Et **interdire les téléphones portables**[4], qui grâce aux délices technologiques, appareils photo ou caméras intégrés, sont devenus les outils de base de tous les élèves qui ont fait des enseignants des cibles : combien de classes jouent à faire craquer un prof pour diffuser quelques minutes plus tard sa dépression sur le Web, via Dailymotion ?

---

4. Je sais que des associations de parents se sont prononcées contre cette mesure de bon sens, au nom de leur commodité personnelle. Mais quand les portables n'existaient pas, comment faisaient-ils ? Ils mouraient d'angoisse ?

Chapitre 10

Collège unique : le cancre nouveau est arrivé

« Il dit non avec la tête
mais il dit oui avec le cœur
il dit oui à ce qu'il aime
il dit non au professeur… »

JACQUES PRÉVERT [1]

Le niveau baisse !

Piètre nouvelle. Marronnier de rentrée, comme on dit dans les médias des trente derniers siècles. Le niveau, à en croire les maîtres, n'a jamais cessé de baisser – donc, il ne baisse pas, opinent les pédagogues, conservateurs de gauche, syndicalistes réactionnaires et rousseauistes de tout poil qui n'ont jamais lu sérieusement Rousseau. Le niveau ne

1. « Le cancre », in *Paroles*, Gallimard, 1945.

baisse pas, il n'a jamais baissé – mieux, il monte. La dysorthographie est leur seule concession : mais, ajoutent-ils, il y a des correcteurs informatiques pour ça...

Parlez-en donc à tous ces employés, tous ces cadres qui prennent en douce des leçons d'orthographe, à ces entreprises qui dépensent de l'argent pour insérer dans leur formation l'accord du sujet et du verbe, à ces IUT (Grenoble, par exemple) qui ont pris le problème à bras-le-corps et en reviennent à la dictée...

Quand on dit que le niveau baisse, on mélange deux choses.

D'un côté, la perception subjective de ce qu'est censé être un (bon) élève, à l'aune de ce que furent eux-mêmes les enseignants ou les grands-mères.

(Enfin, ce qu'ils pensent avoir été : on oublie volontiers ses contre-performances.)

D'un autre côté, faisons l'analyse objective de ce qu'est aujourd'hui un élève formaté en amont par la publicité et la télé-réalité (ainsi nommée par antiphrase), en aval par des pédagogues soucieux, à force de mal lire Dolto, de sanctifier aussi précocement que possible la *personne* qui réside en l'enfant. L'école est devenue culture précoce du Moi, et dans un monde où tout exercice un peu sévère alimente la « constante macabre » d'Antibi, une dictée est le miroir malcommode où s'égratignent les narcissismes enfantins. Dans cette école démissionnaire, tout effort désormais est stress, toute norme contrainte.

Ce qui a baissé, en fait, c'est le niveau de la pédagogie.

J'ai des faiblesses, tout comme un autre : comme nombre d'enseignants, je ne déteste pas assez les bons élèves. Mais je ne les encense pas. Sur le bulletin trimestriel de l'une des meilleures collégiennes que j'aie jamais eues, je me rappelle avoir noté, à côté d'un 19/20 rutilant, un « peut mieux faire » que ses parents comprirent mal, mais qui la fit beaucoup rire, elle – elle savait bien qu'elle ne faisait pas grand-chose. Ainsi font font font les petits enfants prodiges.

À vrai dire, je me suis toujours intéressé aux cancres.

C'était en 1977, premier poste en collège, au Neubourg, dans l'Eure. En ce début septembre, la mairie de Paris, où j'habitais, avait fait placarder sur tous les Abribus de la capitale, pour saluer la rentrée, le poème de Prévert cité en exergue de ce chapitre.

Je récupérai l'affiche (deux mètres de haut, corps 40...), l'emportai au collège et la punaisai sur les panneaux de liège où l'administration avait coutume d'afficher ses notes à l'attention des professeurs.

Scandale, amicales pressions, « nous ne sommes pas à Paris » (j'en savais quelque chose : cinq heures de transport par jour ouvrable, sept ans durant), « ça va donner de mauvaises idées aux élèves »...

Le cancre normand de cette fin des années 1970 était encore un cancre classique, hermétique au savoir, compréhension en berne, deux ans de retard. Parfois, il suffisait d'attendre, sans cesser de lui insuffler l'esprit, et on assistait à des éclosions tardives mais sidérantes. Parfois, le mal était plus profond – et même parfois atavique. Parfois déjà, tel élève « bon en maths » manifestait en français de tels abîmes qu'ils ne pouvaient avoir que des causes mécaniques [2]. Incapacité à s'exprimer, dyslexie profonde, immenses difficultés à l'oral comme à l'écrit – celles-ci découlant probablement de celles-là –, et plus globalement profonde mésentente avec la langue.

Dans un cas au moins, c'était bien un problème de langue. Celle de ce préadolescent était un peu trop longue, elle dépassait la « barrière des dents », comme dit Homère, il avait choisi de ne plus parler. On l'opéra, on le rééduqua, il allait déjà bien mieux l'année suivante – peut-être est-il aujourd'hui journaliste à France 3 Normandie.

Fin de partie : voici que le cancre nouveau est arrivé.

---

2. Il serait essentiel que tout élève, peut-être au niveau de la grande section de maternelle, passe une vraie batterie de tests (visuel, auditif, etc.) qui éviteraient à tant d'enfants de voir leur handicap se transformer en défaite chronique.

Émission *Le Masque et la Plume* sur France Inter, dimanche 18 novembre 2007[3]. *Chagrin d'école*, le livre de Daniel Pennac, auquel on vient de décerner le Renaudot, fait l'actualité.

« Je déteste les cancres, fulmine Jean-Louis Ézine. On est dans un contresens total parce que le cancre n'est pas du tout la victime qu'on voudrait nous présenter... Ça, c'est le cancre ancienne formule. Alors je reconnais à Pennac le fait d'être un ancien cancre du temps de Prévert, disons, sous Prévert c'était bien porté. C'est donc un peu moins grave que maintenant. Mais je trouve que le cancre, il est devenu le héros de la société moderne. Pourquoi ? Parce qu'à l'époque de Pennac, qu'est-ce qu'on faisait des cancres, on les faisait redoubler ; tout ça était très poétique, on redoublait, ils prenaient de l'âge, ça se voyait, c'était amusant à regarder, à observer pour les élèves prodiges...

« – T'avais des barbus en troisième, quoi !

« – Ouais, y en avait qui s'rasaient déjà, c'était assez spectaculaire. Et puis un jour, on a décidé qu'il était traumatisant pour les cancres de redoubler, c'est-à-dire qu'en fait on les a amenés chez des pédopsychologues, des pédopsychiatres, qui ont dit “oh là là ! ils ne vont jamais s'en remettre !”, et donc, ils – les cancres – sont à l'origine de toutes les mutations scolaires que nous vivons. C'est-à-dire

3. http://www.radiofrance.fr/franceinter/em/lemasqueetlaplume/.

que la vraie victime aujourd'hui, c'est le premier de la classe *(rires)* mais oui… t'as vu la réputation qu'il a, personne ne s'occupe de lui, ou alors on le considère vraiment comme un mec anormal…

« – On n'écrit pas de livres sur lui…

« – Non, non, absolument jamais, c'est l'anti-sujet par excellence, c'est lui la victime et en fait, de proche en proche, qu'est-ce qui se passe, grâce au cancre, on n'est plus à l'école pour apprendre, on est à l'école pour – alors là je cite des textes officiels, faut que je regarde – "développer son potentiel de créativité" *(rires)*. Et ça, c'est très différent parce que, effectivement, vous l'avez dit d'ailleurs d'une manière amusante tout à l'heure, le cancre est très créatif, c'est même probablement le plus créatif de la classe parce qu'il dépense une énergie folle à mentir, à flemmarder… Moi, je n'aime pas du tout cette mythologie-là, je n'entre pas là-dedans, je trouve ça débile en fait… *(un temps)*. En dehors de ça, j'aime bien Pennac *(rires)*. »

Le cancre nouveau est à la conjonction de plusieurs facteurs. Il appartient à l'ère médiatique – il est un clone croisé de Benjamin Castaldi et d'Arthur. Il est né après les chocs pétroliers, l'éclatement de la bulle japonaise, tous ces événements lointains dont, en ces temps de mondialisation, on nous explique qu'ils ont des répercussions immédiates, sur l'Eure[4] et à l'instant. Il arrive en pleine révolution informatique, alors que le cancre à la Prévert appartenait, comme ses frères des siècles précédents, à la galaxie Gutenberg. Ajoutez à cela qu'il peut dériver d'une famille décomposée (autrement fréquentes que les familles recomposées des téléfilms), avoir des parents intérimaires de l'ANPE, et arriver, en ligne droite ou brisée, de pays plus ou moins lointains et peu francophones, pleins d'« étranges étrangers », comme dit par ailleurs Prévert[5].

« À publics nouveaux, nouveaux programmes », psalmodient les fossoyeurs de l'école. Au cancre « modern style » (prononcez : « staïle »), il faut une pédagogie nouvelle...

Que nenni ! Il faut lui donner plus, parce qu'il n'a rien. Il lui faut davantage d'heures de français, plus de règles, plus de codes. Il faut l'amener ou le ramener, et non tomber en extase dès qu'il dit deux mots.

Donner plus, c'est aussi donner mieux. Le cancre d'ancien régime rencontrait toujours, fatalement, un enseignant qui le sauvait de lui-même : Pennac raconte fort bien comment quelques hussards de la République le tirèrent du royaume de Motordu. De tels relanceurs existent encore, mais en nombre de

---

4. Qu'on me pardonne le jeu de mots, à la limite du *private joke* : comme je viens de le dire, mon premier poste était dans l'Eure.

5. Dans *La Pluie et le Beau Temps*, Gallimard, 1955.

plus en plus limité : quand ils n'ont pas été formatés à enseigner l'ignorance, comme dit Jean-Claude Michéa, trop d'enseignants se résignent à la Vulgate que leur imposent les programmes les plus crétins depuis Ferry (Jules), conçus et approuvés sous Messieurs Jospin, Bayrou, Allègre, Lang et Ferry (Luc).

Le cancre doit être le cœur de cible de nouveaux programmes intelligents, flexibles et intransigeants à la fois, conçus selon des objectifs précis, des progressions calculées, et des principes rigoureux.

Quelles solutions dans l'immédiat ?

D'un côté, ceux qui voudraient ressusciter l'ancien cours supérieur, une sorte de CM3/CM4 qui couvriraient les actuelles sixième/cinquième. Cette mise à niveau risque de fabriquer un grand nombre d'enfants à responsabilité limitée, si je puis dire. Sans compter que ce serait refaire du « collège unique » par manque de diversité dans l'ambition. Avec un barrage conséquent fin cinquième, et le risque inhérent d'orientation précoce vers des métiers manuels qui aujourd'hui demandent plus de dispositions qu'autrefois, et recrutent bien au-delà de quatorze ans : aucune fédération patronale, pas même celle du bâtiment, ne s'est déclarée favorable, il y a trois ans, à l'abaissement de l'âge de sortie du collège pensé un moment par le gouvernement Villepin.

D'un autre côté, créer dans la plupart des disciplines des « groupes de niveau », avec cours de rattrapage pour les plus atteints. Cela risque de faire éclater le « groupe classe » avant même qu'il existe.

Sans compter quelques illuminés qui préconisent le retour d'un examen d'entrée en sixième. Et que fait-on de ceux qui y échouent ? On les fusille pour l'exemple[6] ?

Les uns et les autres sont cependant conscients que la première chose que doivent faire les enseignants de collège, aujourd'hui et demain, c'est de reprendre en sixième (et encore en cinquième, et parfois encore plus tard – et sans doute aussi en seconde), en trois ou quatre mois, le programme du... primaire. Le tronc commun d'un collège diversifié, il est là – et toute évaluation précoce en sixième n'a aucun sens : la meilleure preuve, ce sont les contorsions, dans les énoncés de ces tests, qui d'année en année permettent de maintenir la fiction d'un « niveau » à l'entrée en sixième (« seulement » 17 % d'analphabètes). Ce n'est qu'à partir de ce rappel de connaissances non intégrées que l'on peut diversifier véritablement l'enseignement.

6. Ma verve m'emporte. En fait, une évaluation sérieuse à la fin du CM2 permettrait une orientation ciblée vers un cursus « classique » sixième-cinquième en deux ans, ou vers un cursus aménagé en trois ans, avec au bout la possibilité de passer en quatrième comme si de rien n'était. De même, certains lycées (Champollion, à Grenoble) avaient construit des cursus bac en quatre ans pour les sections sports-études. L'entreprise a tourné court, mais l'idée était bonne.

Je rappelle que l'objectif de l'école est double – et il n'aurait jamais dû être autre chose : permettre à chacun d'aller au plus haut de ses capacités, et laisser le moins d'enfants possible en route, en autorisant chacun à exploiter ses talents.

L'égalité est un leurre, les enseignants le savent bien, les parents l'admettent, les élèves le vivent au quotidien. Certains sont plus capables de ceci que de cela, et quelques-uns sont incapables de bien des choses. Il y aura toujours non des cancres, mais des bébés-lune. Le seul objectif réaliste, c'est l'égalité des *droits*. La seule loi naturelle de la classe, c'est la diversité bien tempérée. Tel qui brille en langues est rétif aux mathématiques, tel qui vomit les disciplines générales sera un dessinateur hors pair. Il a fallu tourmenter sérieusement les principes de 1789 pour faire de la proclamation des « mérites » la base d'une Vulgate égalitariste. Qui ne comprend que l'« élitisme républicain » respecte davantage les « droits » qu'une politique volontariste d'égalité par le bas ? Qui n'a compris, aujourd'hui, que l'idéologie pédagogiste est un nouveau *Manifeste des égaux* – qui ne survivra pas plus que n'a survécu l'Évangile selon Babeuf ?

Aujourd'hui et demain, partons du principe que les premières semaines ou les premiers mois sont des remises à niveau – et que ceux qui réagissent le plus vite doivent, avant les autres, intégrer un cursus classique que d'autres rejoindront, au fur et à mesure de leur éveil au Savoir. Pour cela, il est essentiel que les établissements disposent d'une marge plus grande qu'aujourd'hui dans leur politique éducative, et dans leur budget. Et surtout il est primordial que s'établisse une vraie communication entre les écoles primaires et les collèges – au point que certains instituteurs pourraient très bien être mandatés pour faire faire des révisions générales à quelques élèves décontenancés par les vrais programmes de sixième : tout comme des enseignants de collège pourraient essaimer la bonne parole en CM2 pour préparer les enfants à un régime fort différent. Ce n'est pas en campant chacun dans nos citadelles que nous changerons quoi que ce soit : à pseudo-« citoyen », citoyen et demi. Il nous faut être plus solidaires, si nous voulons nous différencier, et permettre aux élèves d'exprimer leurs talents ou d'expliquer leurs faiblesses.

La grande faille, aujourd'hui, c'est le passage en sixième. Évaluer les compétences des élèves à leur entrée en sixième n'a pas grand sens – sinon celui du découragement. C'est à la fin du CM2 que cela doit se faire – et selon des barèmes de compétences un peu plus clairs qu'aujourd'hui. Non pour empêcher les enfants de passer – un redoublement ne peut être que la solution extrême –, mais pour envisager, au moins sur quelques semaines, la maturation des élèves en difficulté dans un vrai CM3 organisé *au collège* : la relation entre instituteurs et professeurs n'a pas de raisons de ne pas être confiante. Il vaut mieux organiser le sauvetage dès septembre, et tenter de résoudre les difficultés, plutôt que de se désoler à la fin du premier trimestre, et constater que quelques enfants traînent comme un boulet, toute l'année, un retard technique dans telle ou telle matière.

C'est à ce niveau que doit s'exercer à plein l'autonomie des établissements[7]. Il n'y a pas deux cas semblables, deux écoles identiques, deux recrutements similaires. Même si certaines constantes peuvent être établies, en fonction de la carte scolaire ou de ce qu'il en reste, la vraie chair des classes est fluctuante.

C'est cette diversité mouvante que le collège unique a pratiquement niée. On a voulu, comme à l'armée, ne voir qu'une seule tête d'élève. « Diversité, c'est ma devise » : la formule s'applique au premier chef à l'école. Vouloir le mieux pour chacun, c'est comprendre qu'il faudrait presque un enseignement à la carte. On peut l'organiser en

---

7. Entendons-nous sur cette notion. Il n'y a pour ainsi dire que des cas d'espèce. Un chef d'établissement astucieux utilisera à bon escient l'autonomie (financière, par exemple) qu'on lui offre. Un conseil d'administration cadenassé par les intérêts partisans de la FCPE ou quelques grandes gueules aux points de vue spécifiques charcutera les horaires pour accentuer la « socialisation » plutôt que l'instruction – en étant persuadé de bien faire. Il faudrait, dans l'absolu, procéder à un audit de chaque établissement, dont les conclusions serviraient de garde-fou. Sinon, l'égalité de traitement, déjà mise à mal par la localisation géographique, ne sera plus qu'un fantasme.

respectant les forces et les faiblesses de chacun, au lieu d'imposer à tous un même rythme, qui ne permet plus l'expression réelle des talents, et confine chacun dans une médiocrité inatteignable ou exaspérante.

Cela ne signifie pas pour autant qu'il faille en finir avec le « groupe classe », comme le souhaiterait Philippe Meirieu. Prendre un enfant par la main n'implique pas qu'on le distingue absolument, c'est même le contraire : on peut le distinguer pour mieux l'intégrer. La classe est le but ; la diversité des méthodes, des groupes, des compétences, est le moyen.

Les élèves en difficulté méritent toute notre attention – mais le bon élève aussi, et tous les autres. Il faut donc inventer des parcours diversifiés, autoriser les innovations, les groupes de niveau à étiage variable, jouer la diversité plutôt que l'uniformisation.

Identifier le plus tôt possible les difficultés des élèves, afin que les retards ne s'accumulent pas. Ne pas comprendre la division en CP (parce qu'il n'est pas utile d'attendre le CM1 pour l'apprendre, comme y obligent aujourd'hui les programmes officiels) ne doit pas empêcher d'aller en section scientifique, dix ans plus tard. Un cancre rapidement pris en main peut faire un futur très bon élève.

Éviter de regrouper dans une même classe, surtout en primaire, des primo-arrivants de même souche. Un étranger doit être inséré dans un bain linguistique français – et ne pas avoir l'occasion de se persuader que le turc est la langue officielle du ghetto. Et, parallèlement, donner des cours particuliers, mais dans le cadre de l'école, aux primo-arrivants plus âgés.

Éviter de construire (ou reconstruire, ou réhabiliter) des établissements installés dans les quartiers les plus sensibles. Certains savent très bien se débrouiller avec les possibilités que donne à présent la loi sur la carte scolaire[8]. Pour d'autres, il convient de le faire à leur place.

8. Une certaine bien-pensance n'a pas eu de mots assez violents, durant l'été 2007, pour fustiger l'initiative de Xavier Darcos d'assouplir la carte scolaire. Et voici que ce même ministre, quelques mois plus tard, décide de l'abolir tout à fait, et qu'on n'entend plus du tout le chœur des pleureuses. C'est qu'entre-temps l'expérience nous a appris que les enfants qui ont le plus profité de la possibilité d'aller dans un autre établissement que celui vers lequel les orientait automatiquement jusque-là leur situation géographique, ce ne sont pas les « petits Blancs ». (« Fils de bourgeois ou fils d'apôtres », comme disait Brel, ceux-là connaissaient déjà toutes les ficelles, via la première langue allemand ou l'option latin, la domiciliation de convenance, ou cette pièce centrale des mécaniques sociales qu'on appelle justement le piston, qui permettaient de contourner l'obligation administrative.) Les filles des quartiers défavorisés ont compris plus vite que les garçons (peut-être parce que la contrainte sociale pèse plus fort sur elles) que c'était là une chance inespérée de sortir du ghetto, d'échapper à la surveillance des « grands frères » et aux fatalités familiales. En demandant – massivement – à être scolarisées ailleurs que dans leur secteur de résidence, elles se sont émancipées. Quel homme de gauche trouverait à y redire ?

Décréter la fin du collège unique[9], cette grande fabrique de sous-doués – et, accessoirement, le cauchemar des enseignants. Tous les élèves ont le droit d'aller au plus haut de leurs capacités, les capacités de chacun ne sont pas celles des autres, et ne doivent pas être barrées par les incapacités des autres. L'enseignement professionnel, l'artisanat, ne sont pas des tabous, et offrent des carrières plus concrètes à des adolescents rétifs au système scolaire – et souvent plus lucratives. Le tout est de leur permettre, des années plus tard, de se replonger dans des études générales, afin de reconstruire, la maturité aidant, les bases générales qu'ils auront en partie escamotées. La vraie formation permanente commence et se perpétue dans la souplesse.

9. Depuis quelques mois, une pétition lancée par le SNALC pour demander l'abrogation du collège unique a été mise en ligne (http://www.snalc.fr/petition.tpl). Objet du débat : que mettre à la place du collège unique ? Faut-il imaginer une souplesse extrême, une progression par matière, un système d'unités de valeur capitalisables par l'élève dès la sixième ? Ou au contraire en revenir aux immortels principes de 1923 – ou quelque date que vous voulez, pourvu qu'elle soit antérieure à la loi de juillet 1989… Nous savons bien que nous ne pouvons pas sacrifier la génération en cours (au double sens du terme) sur l'autel de programmes idéaux, suite logique des programmes parfaits que le SLECC – ou quelque autre organisme qui aura repensé les progressions depuis la maternelle – aura mis en place. Il faut imaginer, à partir de programmes aussi pensés que possible, un rythme, une progression radicalement inédits. Et une pédagogie – je me refuse absolument à laisser ce joli mot à des gens qui l'ont annexé en le galvaudant – nouvelle et ondoyante, explicite et efficace.

Chapitre 11

Une histoire à dormir debout

> « J'ai fait quatrième à la composition d'histoire ; on a eu Charlemagne et je le savais, surtout le coup de Roland avec son épée qui casse pas. »
>
> SEMPÉ et GOSCINNY [1]

Au programme des classes préparatoires scientifiques cette année : « Penser l'histoire » – et, pour illustrer le thème, trois œuvres à étudier : l'*Horace* de Corneille, les livres IX à XII des *Mémoires d'outre-tombe*, et *Le 18 Brumaire de Louis Bonaparte*, le pamphlet que Marx consacra à la prise de pouvoir de Napoléon III.

Passons sur le fait que le programme est composé, non sans finesse, pour juxtaposer le

1. In *Joachim a des ennuis*, Denoël, 1964.

discours mythique (Corneille), le romantisme échevelé d'un ego dilaté (Chateaubriand), et le discours « matérialiste » qui a si fortement marqué les historiens du XXe siècle. Et je ne crois pas l'Inspection générale, qui décide desdits programmes, assez perverse pour laisser supposer que le fil chronologique des œuvres implique une progression vers une « science » historique dégagée des légendes – enfin Marx vint pour proposer une vision « moderne » (*i.e.* « objective ») de l'histoire. Le plus significatif est qu'un tel programme, passionnant au demeurant, dans des conditions « normales » d'enseignement, révèle, outre les difficultés ordinaires de ces « excellents » élèves en littérature et en philosophie, une inculture historique abyssale. Non seulement ils ignorent l'histoire romaine archaïque, mais la guerre de Trente Ans ne leur dit rien, la Révolution les déconcerte, le Second Empire n'a jamais été étudié. Ils sont comme ce personnage de Ionesco : « Napoléon faisait beaucoup de choses simultanément. Il mangeait sa soupe au lait car il était toujours en colère. Il chaussait ses bottes de sept lieues. Il faisait la guerre en Espagne en 1936. Il augmentait ses revenus. Il rencontrait le tsar de Russie sur le pont Alexandre-III. Il dictait douze lettres à la fois à sa machine à écrire[2]... »

---

2. Eugène Ionesco, *Exercices de conversation et de diction françaises pour étudiants américains*, Gallimard, 1974.

Et encore... Ce gag repose sur des anecdotes familières rassemblées en pataquès. Mais on n'enseigne plus les anecdotes de l'histoire.

Reste le pataquès.

« Comment ? Vous êtes sûr ? Des bacheliers reçus avec mention Bien ou Très Bien au bac S ? Allons donc ! Vous exagérez, comme d'habitude... »

J'aimerais bien. Une analyse rapide des programmes montre que mes malheureux élèves n'y sont pour rien. La romanité légendaire n'a jamais fait partie de leur programme, la première moitié du XVIIe siècle non plus, le XIXe n'est entraperçu que sous l'angle « révolution industrielle » – question de temps. Et la Révolution dans tout ça, qui est tout de même explicitement au programme en quatrième ? On lui consacre sept à huit heures dans l'année, avec étude d'un événement particulier (au choix, la prise de la Bastille ou le 14 Juillet...), d'un document iconographique spécifique (la mort de Marat ? la fête de la Fédération ?) et un panorama général – par exemple sur « le citoyen de 1789 à 1815 ». Ce qui a pu se passer le 21 janvier 1793 ne hante guère les jeunes consciences, et de l'Empire, on retient surtout le Code civil. Plus de soleil sur Austerlitz, plus de « morne plaine » à Waterloo : on ne retient rien de ce qui fit l'admiration de Clausewitz... L'Empire ? Beaucoup de bruit pour rien.

Les programmes officiels d'histoire (et de géographie), tels qu'ils ont été finalisés en 2004, ne permettent guère de doter les élèves d'une culture historique un peu solide. Passons sur le fait que les instituteurs, tout en consacrant à l'histoire-géographie, en moyenne, un temps légèrement plus long que ce que prévoient (chichement) les programmes, privilégient volontiers l'étude de… la préhistoire[3]. Les programmes de collège sont construits de façon que, avec des ambitions considérables, peu de choses subsistent dans la mémoire des élèves. « Amnésie planifiée », dit George Steiner.

L'horaire de l'histoire-géographie-instruction civique, de la sixième à la troisième, est ordinairement de trois heures hebdomadaires – soit une heure-hebdo pour l'histoire : c'est-à-dire qu'une

3. C'est ce qui ressortait d'une étude de l'Inspection générale coordonnée par l'IG Philippe Claus il y a deux ans (octobre 2005 – rapport n° 2005-112 sur l'enseignement à l'école élémentaire des sciences expérimentales, de la technologie, de l'histoire et de la géographie) : « C'est parfois tout un trimestre qui est retenu pour cette période en CE2 et on recommence en CM1. » Alain Seksig, IGEN, confirmait récemment que malgré les programmes, par le biais de ces « activités d'éveil » qui sont devenues l'alpha et l'oméga de la pédagogie nouvelle, un élève de primaire pouvait très bien n'avoir ingurgité, du CP au CM2, qu'une mixture d'*Homo habilis*, *erectus* et *sapiens sapiens* sans jamais aborder, ou presque, une période postérieure au Néolithique supérieur. De surcroît, expliquait le rapport précité, « très peu de leçons mettent en valeur de grands personnages, alors que les programmes mentionnent explicitement une série de personnages pour chaque point fort ». Les héros passent à la trappe – pas seulement Bayard ou le Grand Ferré, mais aussi bien François Ier (1515 ? Connais pas !) ou Richelieu.

élève de sixième a une trentaine d'heures pour assimiler « le monde antique » : l'Égypte, le peuple de la Bible, la Grèce, Rome, les débuts du christianisme. « Ils apprennent, disent les programmes officiels, les mots qui disent la vie des hommes, leurs croyances, leur organisation politique et sociale. Les objectifs patrimoniaux et de formation impliquent que la plus grande partie de l'horaire disponible soit consacrée à la Grèce, à Rome et à la dimension historique des religions juive et chrétienne ». L'Islam, ce sera pour la cinquième, sous les auspices d'une « confrontation des trois grandes civilisations, Byzance, l'Islam et l'Occident chrétien » : en clair, on a à cœur de montrer les richesses complémentaires (forcément) de civilisations qui n'ont eu de cesse de s'anéantir l'une l'autre. Mais de l'historique de ces conflits, les élèves ne sauront pas grand-chose : les programmes stipulent qu'ils doivent étudier le monde au IXe siècle, et les XIIIe et XVe siècles en Occident – ce qui, paraît-il, « permet de comprendre les bouleversements du XVIe siècle ».

La guerre de Cent Ans est passée à la trappe... Des six siècles (Xe-XVe siècles) qui constituent à proprement parler le Moyen Âge, les programmes ne retiennent que « la constitution territoriale du royaume et l'affirmation de l'État ».

Quant à la troisième, elle est chargée d'emmener les élèves de la Première Guerre mondiale à la fin de la guerre froide. L'URSS en trois heures ! Il n'en reste, en gros comme en détail, que Staline et le goulag : aux oubliettes, Lénine, la révolution d'Octobre et la Terreur blanche ! Au clou, Khrouchtchev martelant à coups de chaussure son pupitre à l'ONU, ou Castro hébergeant quelques fusées intercontinentales ! Plus grand-chose ne vient du froid.

Sans compter des intentions moins claires. L'histoire de la décolonisation, par exemple (nommément, celles de l'Inde et de l'Afrique française), ne vise pas explicitement à culpabiliser les élèves, mais témoigne du sentiment de culpabilité de ceux qui ont conçu ces programmes. Comme si, du Rwanda à l'Algérie, c'était toujours la faute à Voltaire[4].

J'ai déjà dit (dans *Une école sous influence*) qu'enseigner l'histoire immédiate (les trente dernières années) était à bien des égards non seulement dangereux, mais impossible. J'habite à côté de Lodève, où vit une forte communauté harkie : quel enseignant parviendra à faire étudier la guerre d'Algérie sans que les élèves ne se jettent à la tête des injures et des accusations[5] ? Et combien de

---

4. Les Anglais, par exemple, excluent des programmes tout ce qui touche à une actualité trop sujette à polémique. C'est que les sujets de la reine Victoria et de ses successeurs n'ont jamais colonisé au nom des Droits de l'homme, mais selon leurs intérêts bien compris. Si aujourd'hui le Zimbabwe est exsangue, si le Kenya brûle, si le Pakistan saute, ce n'est pas leur faute.

5. Je voudrais signaler aux chantres éperdus de la culpabilité le petit livre éclairant de Boussad Azni (*Harkis, crime d'État*, Ramsay,

gamins formatés par un environnement peu enclin à l'œcuménisme refusent en sixième d'écouter quoi que ce soit sur les Hébreux ?

L'histoire telle qu'on nous recommande de l'enseigner, c'est Ubu jetant à la trappe tout ce qui fait le fil historique : les événements et la chronologie. Tout ce qui alimente le *récit*.

L'histoire, comme son nom l'indique et comme on l'oublie trop souvent, n'est jamais que ce que l'on raconte. Et justement, on ne la raconte plus. On prétend « creuser » telle ou telle période, mais on fore des puits isolés dans un grand désert de sens.

Si les programmes à venir ne réhabilitent pas le fil chronologique, il ne restera bientôt plus rien de la mémoire collective, de ces millions de journées qui ont fait la France, parce que la mémoire est un fil continu que l'on s'ingénie à couper en privilégiant des tronçons séparés – fragments d'autoroutes entre lesquels subsiste la friche, ponts isolés au milieu du paysage, comme dans *Pierrot le fou*.

Et pourtant les enfants – les enfants de tous âges, de sept à soixante-dix-sept ans – adorent qu'on leur raconte des histoires – ces « belles histoires de

---

2002) sur le sujet, qui expose dans le détail la co-responsabilité du FLN et de certains dirigeants français dans le massacre de 250 000 « supplétifs » de l'armée française et de leurs familles, entre avril et juillet 1962.

l'oncle Paul » qui enchantaient jadis les lecteurs de *Spirou*. À vouloir, à toute force, qu'ils « réfléchissent », on se les aliène, et on les dégoûte de ce qui, justement, pourrait les amener à réfléchir, un peu plus tard. Je supplie mes collègues historiens qui ont parfois du mal à intéresser leurs élèves, voire à « tenir » leurs classes, d'en revenir, sans tambour ni trompette, en attendant qu'un ministre intelligent – il s'en trouve – prenne les mesures qui s'imposent, à une lecture chronologique et événementielle. Bien sûr, c'est jeter par-dessus les moulins la structure en « séquences » qui s'alimente naturellement à cette histoire « conceptuelle », cette histoire des mœurs et des coutumes, issue de l'École des annales. Mais Lucien Febvre et Marc Bloch, comme plus tard Fernand Braudel, Pierre Goubert ou Jacques Le Goff, connaissaient l'histoire événementielle, ce qui les autorisait à la révoquer en doute – ou à la convoquer si nécessaire.

Il en est en fait de l'histoire comme de l'apprentissage de la littérature. À vouloir mettre la charrue avant les bœufs, à vouloir profiter des acquis de la linguistique, on a tué la simple volupté de lire, et le plaisir d'écrire. À vouloir à toute force faire digérer à des enfants ou des adolescents des concepts trop rugueux pour eux, on les dégoûte de ce qui devrait les constituer, on en fait des apatrides de la mémoire.

On doit commencer en primaire une histoire dont les enfants auront plaisir à connaître la suite. À chaque âge ses sortilèges : des gosses de six ans veulent des contes, et l'histoire a suffisamment fréquenté le merveilleux pour que l'on puisse alimenter ce désir structurant. Le discontinu brouille les jeunes cervelles. Il les déçoit dans leur attente, il défait par avance les liens fragiles qu'elles voudraient tisser entre tant d'histoires éparses.

L'autre illusion majeure des concepteurs de programmes, c'est la prétendue « objectivité » historique. Quitte à enfoncer des portes ouvertes, faut-il rappeler que bien souvent l'histoire la plus positiviste n'existe que par le cumul des Mémoires, journaux et témoignages qui sont autant de subjectivités mêlées, dont la convergence finit par créer une objectivité – ou ce qu'il nous plaît d'appeler ainsi ? Il ne faut pas avoir peur de raconter des légendes : du mythe surgit toujours une vérité, et Napoléon se comprend très bien avec l'imagerie d'Épinal.

Sans compter que ce qui est donné pour vrai un jour ne l'est plus forcément le lendemain. L'histoire du passé procède par réévaluations successives, selon un critère (rarement avoué) qui est l'*actualité* : inutile d'invoquer les mânes de Walter Benjamin pour accepter cette évidence.

Ce que je viens de dire de l'histoire, on peut le dire encore plus de la géographie (et combien de professeurs d'histoire-géographie sont géographes [6] ?). Il n'en reste plus qu'une vague géographie humaine, des considérations oiseuses sur le « développement durable », et la « lecture » répétée de cartes générales, qui évitent d'avoir à apprendre, en donnant à voir.

Reste le cas de l'instruction civique, qui mange tout de même un tiers de l'emploi du temps.

Si je me laissais aller, je suggérerais de la rayer tout bonnement des programmes – et ce, pour une raison bien simple : l'essentiel de l'instruction civique est dans le cours d'histoire, ou dans le cours de français, avec lequel des synergies sont presque toujours possibles (elles sont d'ailleurs encouragées par les instances officielles).

Restons modestes dans nos exécrations. On peut, à la rigueur, préserver, dans l'immense programme asphyxiant de l'éducation civique, quelques points particuliers – les institutions de la Ve République ou le fonctionnement des flagrants délits, par exemple,

---

6. Ils sont peut-être les seuls à être, par force, « bivalents ». Souvent, en fait, ils maîtrisent infiniment mieux l'un des pôles de cette bivalence – au détriment de l'autre. Et l'on voudrait instaurer partout la bivalence ? Et les rendre, d'historiens-géographes qu'ils sont, trivalents de fait ? Allons donc ! J'ai quelques notions d'histoire, mais juste assez pour ne pas paraître tout à fait ignorant : de là à l'enseigner…

d'usage immédiat. Le reste, tout ce grand reste, on s'aperçoit, quand on le consulte en détail, qu'il serait déjà dans une étude renforcée de l'histoire. La « citoyenneté » dont on nous rebat les oreilles, elle est chez les Gracques ou chez Gracchus Babeuf. L'égalité, elle est chez La Boétie, ou Montesquieu ironisant sur l'esclavage des Nègres – ou chez Condorcet préconisant ce que l'on n'appelait pas encore l'élitisme républicain. Les droits des femmes sont tout entiers contenus dans la lettre 81 des *Liaisons dangereuses*, ou dans les îles utopiques de Marivaux. Les institutions de la Ve République sont les enfants tout à fait légitimes de l'État mis en place successivement par Richelieu, Colbert et Napoléon – tous absents des actuels programmes. Et le respect des minorités, il est par exemple dans tel poème de Prévert :

Kabyles de la Chapelle et des quais de Javel
Hommes des pays loin
Cobayes des colonies
Doux petits musiciens
Soleils adolescents de la porte d'Italie
Boumians de la porte de Saint-Ouen
Apatrides d'Aubervilliers
Brûleurs des grandes ordures de la ville de Paris[7]...

7. Jacques Prévert, « Étranges étrangers », in *La Pluie et le Beau Temps*, Gallimard, 1955.

Ne serait-ce pas par paresse (je n'oserais supposer le manque de culture des faiseurs de programmes...) que l'on a dissocié l'éducation civique de l'histoire et de la littérature ?

Enseigner le « civisme » de façon autonome, c'est comme vouloir enseigner « en soi » le fait religieux. Pour l'un comme pour l'autre, l'enseignement classique des « humanités » suffit largement à régler la question. On y récupérerait des heures trop précieuses pour les si mal occuper.

Mais l'une des tendances lourdes de l'enseignement des dix ou quinze dernières années est l'émiettement en modules spécifiques d'enseignements jadis intégrés aux matières générales, qui du coup dévorent l'horaire initial de ces disciplines si essentielles. Et la multiplication d'options, de la même manière, éparpille l'attention (et accessoirement permet de recruter une masse d'enseignants spécialisés qui vont grossir les grosses cohortes syndicales : c'est l'hypothèse qu'a retenue Claude Allègre[8] pour expliquer que, durant ses trois ans rue de Grenelle, entre 1997 et 2000, le SNES lui ait arraché une foule d'options dont la nécessité pédagogique lui échappait – piètre ministre qui se laisse mener par les appétits d'un quarteron de

8. Claude Allègre et Pierre-Luc Séguillon, *Dix plus une questions à Claude Allègre sur l'école*, Michalon, 2007.

conservateurs plus intéressés par l'idée de faire rentrer des cotisations que par la vraie pédagogie [9]).

Il est facile (et urgent) de rendre les « trois heures » institutionnelles de cours à l'histoire et à la géographie – y compris la géographie physique, indissociable de la peine des hommes (voyez comment l'histoire a façonné les paysages) : étudier le règne de François Ier – autre absent – et sa prédilection pour la Touraine, c'est faire comprendre les flux océaniques qui font de cette région le jardin de la France.

Sans compter que ce sont trop souvent les professeurs d'histoire-géographie qui se retrouvent chargés de tout ce fatras de « sensibilisation » à la sécurité routière, aux « conduites addictives » ou à la « prévention racket » !

Alors, rendons à l'histoire-géographie sa splendide prérogative : insérer les écoliers français dans l'histoire et la géographie de la France – et de la Navarre. Laissons aux « équipes pédagogiques » enfin vouées à une vraie mission d'instruction le plaisir de concocter des ponts entre les disciplines, de trouver ici des textes en écho aux histoires racontées là. Rendre les petits Français à leur histoire ne demande pas des moyens supplémentaires, mais une réorganisation des programmes, clé de voûte de tout le travail qui reste à accomplir.

---

9. Il est remarquable que les militants de base de tel ou tel syndicat ne soient guère d'accord avec la ligne générale des dirigeants – au SNES en particulier. À quand une révolution à la FSU ?

Restaurer la chronologie dans l'étude de l'histoire : c'est la chose la plus simple, dès lors que l'on veut bien solliciter la mémoire.

Étudier la géographie physique comme la géographie humaine.

Centrer les programmes sur la compréhension de la France et de l'Europe.

Éviter de perdre du temps, et d'alimenter des conflits stériles, **à étudier l'histoire immédiatement contemporaine**, sur laquelle le recul manque forcément.

Éclater le programme d'instruction civique dans toutes les matières susceptibles de l'héberger, histoire, lettres ou philosophie, et dégager ainsi des temps précieux pour les matières fondamentales.

Supprimer les activités péri-éducatives – ce n'est pas à l'école de combattre l'obésité par des « opérations petit déjeuner », en tout cas pas dans le temps scolaire.

Chapitre 12

Vertus du silence

« Je vous ordonne de vous taire ! »
EDMOND ROSTAND [1]

« Taisez-vous ! »

Depuis que l'on a donné la parole aux élèves afin de leur laisser dire tout et n'importe quoi, ce « taisez-vous ! » est devenu le cri de ralliement d'enseignants excédés, démoralisés, bousculés et parfois davantage. « Un grand principe de violence commandait à nos mœurs », écrit Saint-John Perse. À l'imparfait près, c'est là la description d'une école quelconque. Étudier en silence est devenu une gageure [2]. Les classes les plus tranquilles bruissent

1. *Cyrano de Bergerac*, I, 4.

2. Les rectorats commencent à offrir des stages sur le thème « Enseigner en classe bruyante » (par exemple à Créteil). Stages fort

sans cesse d'une rumeur usante – pour ne rien dire des classes moins dociles. Et nous savons tous combien il est difficile de saisir en même temps et le son et le sens, lorsqu'ils discordent. Ce n'est pas pour lui que l'enseignant crie ce « taisez-vous ! » : c'est pour les élèves. Et parce qu'il sait que le bruit est le stade 1 de la violence – le reste suit naturellement, pour peu qu'on laisse faire.

À ce brouhaha plus ou moins ténu, plus ou moins agressif, trois raisons. Primo, ces enfants n'ont jamais appris à se taire – pas à l'école, en tout cas. En cause, cette pseudo-culture de la communication permanente, ce « quoi de neuf » perpétuel dans lequel Freinet ne reconnaîtrait plus ses petits. Les bulletins scolaires, très tôt, trop tôt, stigmatisent l'élève qui ne « participe » pas[3] – et pourtant il a bien raison, quand il n'a rien à dire. La timidité ces jours-ci est de mauvais aloi. L'élève qui lève la main pour demander la parole manque de spontanéité, celui qui voudrait faire une phrase complexe est un bouffon.

Deuxième raison, le bruit pour le bruit est la manifestation la plus élémentaire de l'individualisme contemporain. On manifeste sa présence sur

---

demandés, mais générateurs de déception, dès que les participants comprennent qu'on ne va pas leur enseigner comment obtenir le silence, mais comment s'adapter au bruit. Et on s'étonne que les (jeunes) enseignants se découragent…

3. Le nouveau « Livret de compétences » lui en fait désormais obligation – c'est l'un de ces « savoir-être » qui camoufle les tentations totalitaires. Parle ou crève…

le modèle du bébé qui vagit, dans une sorte de stade anal perpétué. Tout excrément est bon à dire – et le bruit camoufle l'angoisse existentielle d'adolescents déboussolés.

Enfin, et *a contrario*, le bruit de fond crée l'illusion du groupe. Une classe devient une rave-party au petit pied, un stade miniature. La pédagogie de « l'expression » avant tout rend les élèves à la basse-cour.

On ne comprend pas la raison d'être de ce bruit perpétuel (il arrive que ce soient des élèves qui hurlent le « taisez-vous ! ») si l'on ne tient pas compte du conflit constant, dans ces cervelles enfantines ou adolescentes, entre la culture du groupe (famille, clan, cité, copains – ou supporters) et celle que l'on prétend leur inculquer – celle d'en face, celle des bourgeois, des nantis, des Céfrancs, de ceux qui ne parlent pas toujours pour ne rien dire. On a encouragé les cultures « plurielles » sans voir que la rage de l'expression ne recouvre rien, sinon un fantasme de bobos bien nourris et bien à l'abri. Et, pire, que la promotion de ces univers parallèles bloque l'entrée dans la monoculture dominante – la seule qui existe, à vrai dire. Celle de la langue sociale, du travail, de la loi.

À ce titre, autoriser n'importe quel sabir, pourvu qu'il ait l'air de dire quelque chose, c'est entériner l'exclusion sociale que l'on prétend combattre. Les Saint Jean Bouche d'Or sauvent leur classe – leur caste : ils sont au fond les plus fermes remparts contre l'altérité dont ils se font officiellement les propagandistes. J'hésite entre hypocrisie et naïveté, les deux mamelles d'une gauche libérale qui lorgne sur Tony Blair, en oubliant que le bilan éducatif du post-thatchérisme est accablant.

Lutter contre le bruit en classe peut donc se faire selon trois axes.

D'abord, bien expliquer que l'on n'a pas la parole si l'on n'a rien à dire, et que l'on n'a rien à dire sans une maîtrise réelle du langage et des savoirs. Pythagore demandait cinq ans de silence à ses disciples, le temps pour eux de formuler la bonne question. Et, tant qu'à faire, d'y répondre en silence...

Puis il faut d'urgence redéfinir les savoirs qui permettent à l'enfant d'émerger, et de passer à l'âge d'homme. Émerger de cette gangue de mots hachés, de pensées confuses – tout ce que l'on appelle « barbarie ». Un enfant n'est pas spontanément poète – ou seulement pour ses parents. Pour écrire, il faut d'abord qu'il soit lecteur, récitant obsédé du texte – conditions nécessaires pour parvenir à en produire.

Enfin, et ce n'est pas la moindre tâche, il faut faire comprendre aux plus humbles, aux plus démunis, que l'école les aidera à se constituer face à la famille, face au quartier, face au clan. Il faut leur dire que ces savoirs scolaires sont liberté, promesse de bonheur – et individualité réelle. Ceux de mes collègues qui pour complaire à quelque autorité se font les apologistes du rap, et traitent uniformément de « discours » les éructations de Diam's ou les colères de Hugo, sont des pyromanes : toute démagogie n'est pas bonne à dire.

L'élève ordinaire – c'est-à-dire la quasi-totalité des élèves – n'aime la facilité qu'en première instance. Confrontez-le à des énigmes majeures, déployez-en pour lui les beautés – qu'il s'agisse d'un texte, d'un événement ou d'un théorème –, et vous le verrez (après les protestations d'usage) ne pas en croire ses yeux, se saisir des mots nouveaux comme un chien se saisit d'un os, et en tirer la substantifique moelle, en se colletant avec la nouveauté – pourvu que cette nouveauté lui soit expliquée, dépliée sous toutes ses facettes.

L'idée que l'élève construise lui-même ses propres savoirs procède d'une école du mépris. C'est entériner, sous prétexte de les combattre, les différences et les difficultés construites hors l'école ; c'est accepter, sous prétexte de respect, de ne rien donner à ceux qui n'ont pas grand-chose.

Apprendre le silence, c'est d'abord apprendre aux maîtres à le faire respecter. Certes, quelques-uns ont cette autorité « naturelle » évidente, et on entend les mouches voler dans leurs classes[4]. Mais, à tous les autres, il convient de donner des programmes précis, des progressions rigoureuses, un entraînement à toujours occuper les élèves, dès les plus petites classes. Le silence n'est pas une vertu, c'est une habitude. La discipline ne s'acquiert pas à grands coups de bâton ni en éclats de voix, encore moins en punitions[5], mais par la répétition, les exercices – et, de temps en temps, cette pointe d'humour qui libère tant d'énergies refoulées pendant une heure. Le silence passe par le travail, et le travail peut se décréter, si l'on dispose des programmes qui le ré-autorisent.

---

4. De moins en moins souvent, sans que le charisme soit en cause. Mais on a tellement seriné aux élèves que leur parole avait le même poids que celle du maître… Et les enseignants savent tellement bien que tout rapport à l'administration finira classé… verticalement… Il est essentiel de dire haut et fort que la parole de l'adulte doit primer, et celle, spécifique, de l'enseignant, primer sur toutes les autres.

5. Je n'ai jamais donné une heure de colle de ma vie, et je suggère à mes collègues de cesser ce genre de brimade : la seule conclusion qu'un trublion en tire, c'est que venir à l'école est au pire une punition, au mieux une corvée. Il en est de même de l'exclusion, dans beaucoup de situations. Sauf en cas de violences, exclure un élève qui se marginalise ne va pas l'arranger.

Il est impératif de rétablir, en classe, tous les systèmes (classements, compositions et compétition) qui faisaient autrefois de l'école le mime et le miroir des hiérarchies sociales. L'une des sources de la violence, verbale ou physique, est l'incapacité à se situer, ce qui amène ordinairement à se voir trop haut (principe du caïdat) ou trop bas (sentiment d'exclusion). Les notes, que les élèves n'arrêtent pas de comparer (« Combien t'as eu ? »), ne sont qu'une photographie d'une situation à l'instant *t* – nécessaire, mais insuffisante. Un conseil de classe trimestriel est trop loin – sauf dans la semaine qui précède – pour que des adolescents qui vivent majoritairement dans l'instant, ou tout au plus dans une durée qui excède rarement quelques jours. Les enseignants du primaire et du secondaire doivent impérativement classer, tout en suggérant qu'aucun classement n'est fatal, ni définitif, et que les premiers peuvent être demain les derniers – et réciproquement. Quitte à utiliser des barèmes variables, à constituer des groupes de niveau, à faire aux « meilleurs » des dictées plus longues au barème plus strict [6].

---

6. Encore faudrait-il que l'on fasse des dictées, dont l'art semble se perdre au collège : on peut sans crainte y voir l'influence de cette pensée soixante-huitarde qui relativisait la notion même de norme. Voir *L'Orthographe*, de Claire-Blanche Benveniste et André Chervel, Éditions de Minuit, 1969, qui, après une étude fort sérieuse

Il faut inculquer aux élèves l'envie d'être (les) meilleurs, le désir de (se) dépasser – en fait, l'idée même de l'échelle sociale. Si, comme on le clame régulièrement, l'ascenseur social est en panne, c'est parce qu'on a bloqué mentalement tout le monde au rez-de-chaussée.

Et tant pis pour les partisans du Grand Soir. Renoncer aux notes, c'est ouvrir la porte aux crans d'arrêt.

---

remontant à mars 1968, affirment dans une postface de novembre 1968 qu'« un bouleversement culturel est en cours », saluent la prochaine disparition du latin en 6e/5e et dans la licence de lettres modernes, et concluent : « Si elle s'empare des masses, l'idée de la révolution orthographique peut devenir une force. » Le même Chervel, deux ans plus tard, dans *Et on apprit à lire à tous les petits Français*, expliquait doctement que l'orthographe était une invention bourgeoise du XIXe siècle – une idée maintes fois serinée depuis par des pédagogues animés des pires intentions. Daniel Pennac, qui a vécu cette période, se moque gentiment : « En aura-t-elle proféré, des sottises, ma génération, sur les rituels considérés comme marque de soumission aveugle, la notation estimée avilissante, la dictée réactionnaire, le calcul mental abrutissant, la mémorisation de textes infantilisante… » (*Chagrin d'école*, Gallimard, 2007).

Chapitre 13
Redoubler ?

> « Il avait beau écouter, il ne saisissait pas. »
>
> GUSTAVE FLAUBERT [1]

« Et Nadia, vous la voyez passer en seconde ?

– Impossible, lance immédiatement la prof de français. Elle a accumulé depuis le primaire des retards invraisemblables… Et nous n'avons pas le temps de récupérer tant d'ignorance…

– Même constat, intervient aussitôt la prof d'histoire-géo. Elle ne peut pas rédiger. Soit on l'oriente vers le technique…

1. *Madame Bovary*, I, 1.

– Elle ne le demande pas, dit le principal, qui observe de loin, un peu lasse, ces joutes habituelles de conseil de troisième trimestre.

– Alors… »

Le prof de maths serait peut-être plus débonnaire. Il en a tant vu, des gosses peut-être capables, mais bousillés par des années d'indolence provoquée… « Mais, ajoute-t-il, soucieux de ne pas trop se démarquer de ses collègues bien que désireux d'apporter son grain de sel et de faire entendre une petite différence, elle s'est réveillée un peu tard… Le troisième trimestre durerait cinq semaines de plus, comme les autres, elle aurait peut-être mis la tête hors de l'eau – elle était sur la pente ascendante… Mais en l'état… »

Le principal hésite à entériner la décision du conseil. Cette Nadia L., il la connaît, il sait presque tout de ses demandes de bourse, de ses séjours à l'infirmerie pour décompresser – avec cet inévitable diagnostic de « spasmophilie » qui révèle si souvent des problèmes ingérables par des gosses de quinze ans. Elle a une famille difficile dans un quartier largement défavorisé, ses deux frères ont quitté le système scolaire fin troisième – « dégoûtés », comme ils disent – et le principal les croise parfois au marché, désœuvrés, presque louches. Nadia travaille au fast-food voisin, le soir, et que c'est pour ça qu'elle se tient à distance de ses profs – parce qu'elle sent l'huile à frites, a-t-elle avoué au principal un jour de déprime. Il sait qu'elle veut s'en sortir, qu'elle rêve de sortir du quartier, qu'un redoublement risque de la décourager, de la renvoyer à quelque « destin de femme » préprogrammé dans sa communauté, alors qu'elle a pour seul objectif d'échapper aux malédictions sociologiques et religieuses. Il pense aussi que le conseil a déjà fait redoubler cinq élèves, et que la liste alphabétique est loin d'être close, on n'en est qu'au « L »,. Mais que suggérer ? Un BEP « coiffure » ou « pressing » n'est pas un service à rendre à cette gosse qui en veut, sans toujours pouvoir. Et tant de redoublements ne vont pas améliorer l'image déjà chancelante de l'établissement. Il le dit, on l'écoute poliment. « Mais, objecte le prof de français, est-il bien judicieux d'envoyer au lycée de N. des élèves aussi dépenaillés dans leur tête ? » (Il a l'air, un court instant, très satisfait de sa formule.) « Que vont-ils penser de nous en voyant ce que nous sommes capables de faire passer ? » Ne vaut-il pas mieux que Nadia, selon la formule consacrée, « consolide ses acquis » en prenant le temps de prendre son élan…

« Je ne sais pas, pense tout bas le principal. Dans le temps, un passage en seconde demandait plus de talents. Mais aujourd'hui que certains BEP opèrent une sélection impitoyable, ce sont les secondes "indifférenciées" qui sont parfois la vraie poubelle du système. Alors, si on faisait passer Nadia… Elle se planterait, pour sûr… Mais on la prendrait, c'est certain… »

Ainsi vont les conseils de classe – deux à trois minutes pour statuer sur un destin. Le plus miraculeux est que cela se passe bien, en général, parce que la plupart des vœux exprimés par les élèves restent réalistes [2], et que les enseignants font de leur mieux pour contrarier les destins sociologiques, ou recadrer les projets [3]. Le problème, l'éternel problème, ce sont ces élèves tangents, à deux doigts de passer, à deux doigts de basculer. Combien de redoublements en cette fin troisième ? Trop, de toute manière. L'OCDE note que la France détient le record de redoublements en Europe, pour une efficacité bien incertaine. Éric Charbonnier, qui y est analyste, précise que « 38 % d'une classe d'âge (les quinze ans) a redoublé au moins une fois [4] », pendant que la Finlande ou la Corée du Sud, ces deux pays qui batifolent depuis des années en tête des classements mondiaux, ignorent tout simplement la notion même de redoublement. Quel avantage y a-t-il à redoubler ? C'est médiocre pour le

2. Il n'en est pas toujours de même des vœux des parents, qui n'ont qu'une lointaine idée des performances réelles de leur enfant – et qu'un psychologue bien intentionné aura persuadés que leur rejeton peut prétendre à des études supérieures, pour sûr…

3. Le fils d'un ami récemment entré au lycée Lakanal de Sceaux (l'un de ces « grands » lycées qui ont d'excellents résultats), interrogé sur la différence avec son ancien lycée de Limoges, disait : « Ici, les enseignants ont de l'ambition pour leurs élèves. » Ce doit être la règle, à quelque niveau de compétence que se situe l'élève : nous devons, constamment, avoir pour les élèves l'ambition que, trop souvent, leurs familles n'ont pas. Et leur donner les moyens de la remplir, en permettant aux talents, quels qu'ils soient, de s'épanouir.

4. La moyenne des pays de l'OCDE est de 13 %.

moral, et souvent même catastrophique... Combien de redoublants ne profitent guère de leur seconde « chance » ?

En outre, disent les comptables qui ont pris le pouvoir dans tous les ministères depuis le vote de la LOLF[5], ça coûte très cher...

Le 9 novembre 2007, Xavier Darcos s'inquiétait de cette permanence du redoublement en France, et prévenait qu'il entendait « diviser par trois, d'ici à la fin de cette mandature, le nombre d'élèves en situation d'échec lourd » et réduire de moitié le taux de redoublants. Comment ? « Parmi les éléments les plus saillants et qui n'avaient pas encore été évoqués ces dernières semaines figure un renforcement de l'évaluation : celle des acquis des élèves, qui sera systématiquement communiquée aux familles, comme celle des écoles et des enseignants, contrepartie d'une "liberté pédagogique" solennellement réaffirmée, laissant aux enseignants le choix des méthodes[6]... »

« Mais, monsieur le Ministre, ce n'est pas tellement l'évaluation qu'il faut renforcer : c'est l'enseignement lui-même ! »

La liberté pédagogique est un credo utile si on l'utilise bien, nous l'avons vu précédemment. Reste la question des objectifs et des moyens effectifs.

5. Loi Organique relative aux Lois des Finances.
6. Luc Cédelle, *Le Monde*, 11 novembre 2007.

Les apprentissages fondamentaux sont trop souvent rongés par les sorties scolaires systématiques, par des considérations annexes et pseudo-citoyennes, par des pertes de temps de tout genre. Évidemment, l'un des risques d'une politique du résultat pourrait être un travestissement des performances effectives, chaque établissement ayant à cœur de prouver qu'il atteint les objectifs du « plan », comme on disait jadis en Union soviétique. Déjà aujourd'hui des « commissions » *ad hoc* où les enseignants sont minoritaires rattrapent les élèves qui font appel sur des considérations trop souvent extrapédagogiques. Les conseils de classe doivent être souverains – mais n'ont pas à être des couperets : l'intérêt bien compris des élèves et des enseignants, c'est l'harmonie dans le travail, non dans les crises de larmes.

Et tant de gens pensent que les enseignants ont trop de loisirs – nombre d'enseignants, d'ailleurs, consacrent une partie de leurs congés à encadrer des jeunes, par exemple dans les colonies de vacances. Les payer pour faire réussir les élèves en difficulté reviendrait bien moins cher que d'entretenir une année de plus ce même élève à se morfondre.

Et cela mettrait un peu de beurre dans les épinards[7]...

---

7. J'entends d'ici les commentaires horrifiés de tel ou tel syndicat qui préfère de toute évidence que nous soyons toujours mal payés,

Que faire pour les redoublements ?

D'abord, comme le font remarquer les instituteurs du GRIP, nous aurons un nombre bien inférieur de redoublants quand les programmes du primaire auront été toilettés dans le sens d'une acquisition plus massive de connaissances, selon un rythme et une progression soigneusement calculés, et en fonction d'une pédagogie un peu plus directive que ce que l'on voit actuellement – peut-être cette pédagogie « explicite » préconisée par la Troisième Voie[8], quelque part entre ces méthodes qui n'ont d'actives que le nom et la relation purement verticale d'un enseignement magistral. Mais cela, c'est le futur : autant s'occuper tout de suite de ces élèves en déshérence plus ou moins totale que le constructivisme pédagogique nous a légués.

On redouble rarement pour cause de faillite globale. Un élève a souvent des retards dans une ou deux matières – souvent des domaines majeurs comme le français ou les mathématiques. La plupart du temps, d'ailleurs, le collégien en est conscient,

---

augmentés irrégulièrement de 0,2 %, pourvu que nous soyons tous « égaux » – et pauvres comme Job. Nous savons tous que nombre d'enseignants ont du mal à joindre les deux bouts – il y a une paupérisation réelle du métier, tout aussi scandaleuse que la dégradation des conditions d'enseignement. En attendant que le ministère ait les moyens d'augmenter par exemple les néo-enseignants de 200 euros uniformément, pourquoi ne pas donner à ceux qui le souhaitent la possibilité de gagner plus en travaillant différemment ?

8. Voir http://appy.ecole.free.fr/3evoie.htm.

dès le mois de septembre : « Moi, le français, j'y comprends rien. »

Il est essentiel d'œuvrer en amont et en aval. En amont, en détectant dès la rentrée les enfants en difficulté, et en leur prodiguant des heures de soutien. En aval, en réinventant, par exemple, des examens de passage qui pourraient se dérouler fin août, après un été passé à bûcher sérieusement – quitte à profiter des locaux scolaires, des bonnes volontés diverses, ou du volontariat rémunéré des enseignants, pour que les élèves motivés passent deux mois à ne pas perdre une année. Et financièrement, l'organisation de tels stages, ou de tels examens, ne coûtera qu'une fraction des sommes englouties *à perte* dans un redoublement inutile.

Reste l'autre tentation, celle qui s'exprime à travers les discours les plus jusqu'au-boutistes des idéologues du « stress zéro », celle qui est déjà à l'œuvre dans ces classes où le redoublement ne peut être imposé, tout juste conseillé – fin première, par exemple. Est-ce rendre un réel service aux élèves que de les propulser vers le couperet – parce qu'à un moment ou un autre, ils y passeront ? Est-ce un réel service que d'envoyer massivement dans des classes à fortes exigences, la troisième ou la terminale, des élèves aux pieds et à la tête d'argile ?

L'exemple caricatural du redoublement, c'est bien évidemment le bac. 17 % d'échecs en juillet 2007, déplore le ministre – et de citer ce chiffre pour montrer le sérieux de cet examen bradé...

Quitte à faire hurler, j'irai jusqu'au bout de mes convictions. Je rêve d'un système scolaire qui amènerait 100 % d'élèves à l'obtention d'un diplôme sérieux – à condition que cette exigence de sérieux ait présidé aux programmes et à la pédagogie depuis la maternelle. Le bac devrait sanctionner un niveau qui ne s'atteint pas en un an de bachotage imbécile, mais qui est la résultante d'une quinzaine d'années d'études. Le vrai contrôle continu, il est là, dans une pression constante et concertée, quinze ans durant. C'est en adoptant une politique réaliste des redoublements, en les limitant réellement au maximum, parce que nous aurons vraiment formé les élèves, que nous arriverons à cet Everest de la pédagogie – le zéro défaut, ou peu s'en faut.

Depuis deux décennies, on entend dire que le collège est le « maillon faible » du système. C'est ménager les gros bataillons syndicaux que forment les instituteurs, en faisant porter le chapeau à une structure, le collège unique, qui était la réponse – inadaptée – à « l'enseignement de masse ». Et aux professeurs qui y enseignent.

Nous savons tous, aujourd'hui, que c'est dès le primaire que le bât blesse [9]. Que si 40 % des élèves

9. Ce qui n'empêche pas le collège d'être souvent dans un état catastrophique. Les élèves y entrent parfois avec de tels retards qu'ils

de sixième ont de sérieux problèmes de compréhension, c'est qu'ils n'ont pas été formés correctement dans les années précédentes. Nous savons par ailleurs qu'une politique de redoublements systématiques, ou de restauration de l'examen d'entrée en sixième, n'a aucun sens. Que faire de ceux qui ne passeraient pas la barre ? Les livrer – à douze ans – aux requins ?

La vraie réponse est pédagogique. Les programmes du primaire doivent être rapidement revus, nettoyés, ré-agencés. Il faut aménager des progressions qui, de classe en classe, et même d'heure en heure, ne donnent aucune chance au dilettantisme. Nous ne devons pas laisser des élèves en arrière – mais c'est en les prenant intellectuellement par la main, à chaque heure, que nous arriverons à les faire progresser. Une fois faite la part des bébés-lune, qui sont la portion peut-être incompressible, mais très peu nombreuse, des élèves résolument rétifs au système pour une raison/déraison ou une autre, l'objectif est bien d'éviter les redoublements qui sont aujourd'hui bien trop nombreux.

« Comment ? Mais vous faites vôtre un argument des pédagos les plus jusqu'au-boutistes… »

Pas même. Le pédagogisme, cet égalitarisme forcé, produit plus de redoublements que jamais

---

ne peuvent les rattraper, se marginalisent rapidement, et sortent, fin troisième, plus faibles – mais plus violents – qu'ils n'y sont entrés.

système élitiste n'en a osé. 18 % des élèves redoublent durant leur scolarité primaire : qui me fera croire qu'il y a, dans une classe bien menée, 18 % de cancres ?

Éviter les redoublements par une détection dès la rentrée des difficultés personnelles des élèves, afin de constituer précocement des groupes de soutien.

Contourner les redoublements en redonnant d'un côté **une vraie souveraineté aux conseils de classe**, en supprimant ces « commissions » inutiles que l'on ne sait jamais où caser dans l'emploi du temps pléthorique des fins d'année, **et en organisant un vrai suivi des élèves pendant les vacances**, dans la perspective d'un examen de passage fin août.

Organiser des stages d'été sur la base du volontariat, en réquisitionnant les locaux d'enseignement (déjà utilisés par nombre de municipalités, et avec raison), afin de permettre aux élèves qui veulent sincèrement réussir de préparer dans les meilleures conditions un examen de passage exigeant et honnête.

Supprimer parallèlement les passages automatiques entre certaines classes : chaque année est un palier autonome, la politique des « cycles » ne sert qu'à masquer les vraies difficultés qui émergent tôt ou tard, pour le plus grand malheur des élèves qui avaient eu l'illusion de passer entre les mailles.

Chapitre 14

Défense et illustration des études littéraires

> « Il y a M. Jaluzot, le professeur d'histoire, que tout le monde aime au collège. On dit qu'il est riche de chez lui, et qu'il a son franc-parler. C'est un bon garçon. Je me jette à ses pieds et je lui dis tout.
> "M'sieur Jaluzot !
> – Quoi donc, mon enfant ?
> – M'sieur Jaluzot !"
> Je baigne ses mains de mes larmes.
> "J'ai, m'sieur, que je suis un filou !"
> Il croit que j'ai volé une bourse et commence à rentrer sa chaîne. Enfin j'avoue mes vols dans *Alexandre*, et tout ce que j'ai réavalé de *rejets*, je dis où je prends le derrière de mes vers latins.
> "Relevez-vous, mon enfant. Avoir ramassé ces épluchures et fait vos compositions avec ? Vous n'êtes au collège que pour cela, pour mâcher et remâcher ce qui a été mâché par d'autres." »
>
> JULES VALLÈS [1]

1. *L'Enfant*, 1879, chapitre XX.

Dans son *Histoire de la guerre du Péloponnèse*, Thucydide raconte le désastre de l'expédition de Sicile, voulue par ce jeune patricien d'Alcibiade – une guerre lointaine qui n'amena guère la démocratie en grande Grèce, et menaça Athènes d'anéantissement. Peut-être George W. Bush, héritier présomptueux d'une longue lignée de magnats du pétrole – on a les aristocraties que l'on peut –, aurait-il dû faire des études littéraires, et réviser ses humanités avant d'engager les États-Unis dans une aventure moyen-orientale dont l'issue est de moins en moins évidente, et de plus en plus certaine. Et son lointain prédécesseur, Lyndon B. Johnson, autre Texan à grand chapeau et petite culture, aurait dû réfléchir à deux fois avant de lancer son pays dans le cauchemar vietnamien.

La littérature mène à tout, à condition de ne pas en sortir. C'est si vrai qu'Alain Viala, après avoir puissamment contribué à détruire en France l'enseignement des belles-lettres [2], est allé les enseigner à Oxford, où se recrutent, depuis des siècles, les dirigeants politiques et économiques du Royaume-Uni.

---

2. Par la réforme de 1999-2000 qui régit actuellement les études littéraires au lycée, et a remplacé le fil chronologique par des regroupements thématiques transversaux (Convaincre et Persuader, le Biographique, le Théâtre, la Poésie, etc.). Résultat : les élèves ne situent plus Hugo à 200 ans près.

Et il y a gros à parier que les têtes pensantes et gouvernantes qui régulièrement se réunissent à Davos ont une culture littéraire de tout premier plan : l'entente des maîtres du monde dépend moins de leur commune vision du libéralisme et de la mondialisation que de leur connaissance de Racine, Shakespeare, Tolstoï ou Cervantès – et quelques autres.

Car l'argument le plus imbécile de ceux qui iraient avec plaisir à l'enterrement des belles-lettres est leur peu de rapport avec les réalités économiques. Au nom de ce principe imbécile, on a sacrifié des centaines d'heures de français, on a « technicisé » sous un vocabulaire faussement savant l'étude des textes – ah, la beauté intrinsèque du schéma actanciel, et autres adjuvants –, on a voulu actualiser la littérature en la tirant à toute force vers l'argumentation, ce pinacle des crétins. Et l'on voudrait aujourd'hui encore multiplier les visites d'entreprises, ouvrir l'esprit d'adolescents qui ne nous ont rien fait aux « réalités économiques », et « professionnaliser » la formation des maîtres, ces professeurs sans profession bien définie.

Nous baignons dans une idéologie utilitariste qui tue la littérature, et, en fait, détruit l'économie.

Car il faut singulièrement manquer d'intelligence pour ne pas voir que la littérature est une clé essentielle de la formation des vrais capitalistes. Les grands dirigeants anglais sortent d'Oxford, de Cambridge ou d'Eton – et Démosthène les prépare admirablement à la City[3].

Mais nous sommes plus intelligents. Par la grâce d'une idéologie pédagogiste qui préfère les « compétences » aux Savoirs, et prétend que tous les textes sont égaux dans le grand capharnaüm des « discours », nous avons massacré les études littéraires en France.

Et lorsqu'un candidat à la présidence de la République, dont on sait qu'il peut être, par ailleurs, un lecteur attentif, et capable de dire des choses sensées sur Albert Cohen, attaque ces concours de fonctionnaires où quelques dinosaures ont maintenu *La Princesse de Clèves* au programme, on est en droit de s'inquiéter : la droite serait-elle aussi bête que la gauche – et réciproquement ? Seule

---

3. Dans le *International Herald Tribune* des 21-22 juillet 2007, Harriet Rubin (dernier ouvrage paru : *Dante in love* – pourquoi n'y aurait-il que Shakespeare ?) raconte qu'elle a interrogé plusieurs grands chefs d'entreprise américains sur leurs lectures, et, plus globalement, leur rapport au livre. On apprend ainsi que Michael Moritz, l'expert du capital-risque qui a eu le flair d'investir tôt dans Google, Yahoo, YouTube ou PayPal, est un maniaque des livres qui se fait traiter par son épouse d'« Imelda Marcos des livres » ; que Phil Knight, fondateur de Nike, avait une porte camouflée qui lui permettait de passer en secret de son bureau dans sa bibliothèque – le saint des saints ; ou que Steve Jobs, le fondateur d'Apple, a collectionné les œuvres de William Blake, ce poète visionnaire, à demi fou, du XVIIIe siècle pour lequel il dit avoir un amour « inextinguible ». Et sans doute les historiens futurs devront-ils remonter jusqu'à l'auteur de « Lullaby » pour comprendre comment sont nés Pixar, le i-Pod et le i-Phone… (On lira l'intégralité de l'article traduit par mes soins sur http://bonnetdane.midiblogs.com/archive/2007/08/06/litterature1.html.)

Les goûts des grands chefs d'entreprise français sont-ils intrinsèquement différents ?

consolation : ledit candidat fut le seul, entre 2006 et 2007, à tenir deux meetings et à faire deux discours intégralement consacrés à l'enseignement. Ségolène Royal, sûre (?) du vote enseignant, ne s'y est pas risquée.

La filière littéraire se meurt, la filière L est morte... Jadis d'excellence, aujourd'hui méprisée et choisie par défaut, elle est en voie d'extinction. À 12 % de lycéens kamikazes, elle est sous perfusion – « en phase terminale », dit Anne-Marie Garat. À 10 %, annonce l'Inspection générale, elle sera déclarée en état de mort cérébrale.

Je voudrais pourtant en proposer ici une brève « défense et illustration », insoucieux, en humaniste que je suis, de penser à contre-courant...

La faillite annoncée des « L », et ce dès la première, tient-elle seulement à une fatalité où facteurs culturels, socio-économiques et générationnels, auraient créé une synergie infernale par quoi la littérature s'engloutit ? Comme si le traitement infligé au français depuis le CP pouvait donner aux enfants les moyens et l'envie de se tourner plus tard vers les humanités ! Sans maîtrise de la lecture ni de la grammaire, comment accéder pleinement aux œuvres littéraires ?

Quand lire ou écrire devient une souffrance, voire une torture, on ne doit pas être surpris de voir tous ces élèves, à qui l'on a si peu et si mal appris, renoncer pour de bon aux livres. Quand les évaluations à l'entrée en sixième, opérées avec la plus grande mansuétude, constatent officiellement que 17 % des élèves ne maîtrisent ni la lecture, ni l'écriture, et que le HCE dit que la réalité serait plus près de 40 %, s'étonnera-t-on qu'ils ne connaissent, parallèlement, ni ce poète qui, demain, dès l'aube... – ni l'agneau qui se désaltérait dans le courant d'une onde pure ?

Les disciplines littéraires, dont l'échec programmé – dû au système lui-même – se manifeste avec le plus de cruauté, ne peuvent plus comme naguère servir d'outils de sélection. On sait que le mot est honni, en ces temps d'égalitarisme forcené. Et ce serait peut-être une bonne nouvelle pour les hérauts de la médiocrité, qui ont si fort condamné la littérature en ce qu'elle véhiculait, paraît-il, toutes les valeurs « bourgeoises », si les mathématiques n'avaient pris le relais : l'élitisme scientifique serait-il plus égalitaire que celui du français-latin-grec ?

Mais les maths sont un langage aussi, et un enfant dont le français est déstructuré a bien du mal à accéder aux abstractions mathématiques. Du reste, les enseignants confirment massivement le constat : les « bons en français » le sont aussi en maths, et Pascal, d'Alembert et Laurent Lafforgue, assez bons mathématiciens, ne sont pas de trop mauvais « littéraires »...

Est-ce en formatant de purs (?) techniciens que notre pays trouvera les chercheurs et les cadres dont il a besoin – non seulement des gens ouverts et empiriques, à l'écoute d'autrui, mais de vrais cadres compétitifs sur le marché de l'emploi ? Qui ne voit que les études littéraires ne servent pas seulement à mettre un peu d'huile humaniste dans les rouages de la World Company, mais sont au cœur de la formation et du recrutement des grandes entreprises ? Les écoles de management ont ouvert depuis peu des concours littéraires, tant l'entreprise est en recherche de jeunes gens à qui la littérature a pu donner une épaisseur, voire une créativité, que de purs techniciens n'ont pas. Et qui, accessoirement, savent écrire, et répondre avec d'autres mots, d'autres phrases, que des onomatopées inarticulées, à des patrons souvent plus cultivés qu'on ne le croit.

En 1968, la filière lettres représentait 50 % des élèves. Les révolutionnaires de Mai, nous l'avons vu, étaient gavés de Rimbaud, Breton, Char et quelques autres, et leur culture s'étalait sur les murs, à la Sorbonne et ailleurs. Peut-être faut-il chercher en ces temps reculés le désir d'annihiler la littérature – parce que lire, c'est aussi développer une conscience critique dont les maîtres des médias, à TF1 et ailleurs, ne veulent guère. La mort de la littérature à l'école trahirait ainsi cette grande peur des bien-disants qui se sont crus très fins en transformant l'école en une manufacture d'ilotes. Car la souplesse d'une pensée créative rejoint bien souvent la révolte : oui, les littéraires ont mauvais esprit. Habitués à disserter, à brasser les concepts, formés à l'école des Vautrin ou des Rastignac, lecteurs de Voltaire et de Sartre, ils sont un poil à gratter irritant, et, parce qu'ils savent ce que parler veut dire, ne s'en laissent pas conter. Cette lucidité inquiéterait-elle les Olympiens qui nous gouvernent, dans ce siècle de faux-semblants ?

La responsabilité des gouvernements, de droite ou de gauche, dans la faillite des « L », doit être soulignée. Giscard d'Estaing, grand amateur de Maupassant, paraît-il, a le premier détruit l'apprentissage des lettres en instituant le collège unique, qui a réduit les élèves à un commun dénominateur le plus petit possible. Mitterrand, lecteur assidu de Machiavel et du cardinal de Retz, a laissé mettre à mort les lettres classiques – et définitivement dévaluer le bac, distribué dorénavant à tous ceux qui ont la patience d'attendre ; il a signé la création des ZEP, dont le moins que l'on puisse dire est qu'elles n'encouragent guère la lecture des grandes œuvres ; il a approuvé la création des IUFM, où l'on n'enseigne plus guère aux « formateurs d'apprenants » que la littérature était la porte d'un ascenseur social désormais bloqué. Et Jacques Chirac, qui n'ignorait rien de la carrière itinérante de Bashô ni de l'art délicat du haïku, a maintenu en place les commissions de réflexion sur les programmes qui ont accouché, en 2000, d'une version light, comme le Coca-Cola du même nom, de tout ce qui était jadis littérature, au profit d'une vision techniciste qui envoie tout droit les élèves de la case lycée à la case chômage, sans plus avoir le plaisir de lire en faisant la queue à l'ANPE.

Un article récent du *Magazine littéraire*[4] fait le point sur ce que les « programmes Viala » ont fait de la littérature. Après avoir appris à lire en identifiant les mots comme des images, après avoir aboli le phonème au nom de la signification globale, on a, par haine idéologique de cette culture « bourgeoise » qui sait par avance que Waterloo est une « morne plaine » ou que les batailles de Candide sont des « boucheries héroïques », substitué au sens et à la beauté des techniques d'analyse formelle qui tuent l'intérêt, l'attention, et le respect pour la discipline – partant, pour le professeur. C'est que « ces outils formels, dont on a beaucoup exagéré l'utilisation d'ailleurs, servent à remettre les élèves à égalité », affirme l'un des pédagogues les moins repentants[5]. Pourtant, n'entends-je pas en même temps Philippe Meirieu déplorer que « les sciences humaines vivent sous un impérialisme de la sociologie et de la psychologie, au détriment de la littérature » – et d'ajouter, quelque peu patelin : « Mauriac ou Montherlant me semblent plus importants pour un élève que Piaget [...] Plus un élève est en difficulté, plus il a besoin d'accéder aux œuvres

4. N° 472, février 2008 : « Comment enseigner la littérature ? », par Hubert Prolongeau.

5. On aura deviné qu'une absurdité d'un tel calibre ne peut être que le fait de François Bégaudeau.

fortes. » La construction obligatoire des cours en séquences pédagogiques n'est pas pour rien dans cet écrasement du sens au profit d'une « technique » dont on ne sait que faire, à dix-sept ans. Pourtant, c'est encore sur le respect fanatique de cette structure « séquentielle » que certains Inspecteurs jugent les maîtres – « des ayatollahs de la réforme du français, des obsédés du cahier de textes », se lamente Philippe Delerm.

Et les éditeurs, frileux, demandent à leurs auteurs des manuels qui suivent un programme rejeté par tout ce que l'enseignement compte de professeurs intelligents. Ils devraient anticiper : le vent ne souffle plus en direction des pédagogues fous. « Sans doute sommes-nous allés trop loin dans un certain assèchement de la littérature », dit Philippe Le Guillou, doyen de l'Inspection générale de lettres – et d'annoncer *mezza voce* « un toilettage en cours ». Que ceux qui savent lire lisent entre les lignes.

Ce qui est vrai pour les élèves l'est aussi pour les maîtres. Qu'attendre d'oraux de CAPES de lettres où le coefficient de la didactique est surévalué ? Qu'attendre des nouveaux professeurs bivalents, si ce n'est une semi- ou simili-valence – toujours assez bonne, diront les cyniques, pour le service réduit du « socle commun » ? Pourquoi dé-disciplinariser ainsi les recrutements ? C'est quand on maîtrise les lettres que l'on peut trouver les procédures pour les enseigner et les faire aimer, et non l'inverse. La pédagogie, la vraie, tient d'abord aux Savoirs. Et l'on n'enseigne bien que ce que l'on goûte le mieux.

L'échec de la filière L, c'est aussi l'échec de l'amour des livres : trop de dérives pseudo technicistes, d'exercices morcelés, d'approches réductrices, ont réduit la littérature à un objet verbal sans intérêt, qui décourage le professeur et l'élève, et où l'humanité, à tous les sens du mot, ne se retrouve plus. Qu'en pensent les libraires, qui déplorent chaque année qu'on lise moins – et que les jeunes ne lisent plus ? Qu'en pensent les jeunes, obsédés aujourd'hui comme hier par les mêmes questions existentielles, et qui ne cherchent plus de réponses que sur le clavier de leur Nintendo ? Quelle génération dégénérée sommes-nous en train d'élever – d'élever vers où ?

Les « L » ne seront sauvés qu'en redevenant littéraires, loin des scories et des épiphénomènes de mode de la « socio », de la « psycho » et de la « com ». Le monde de demain est bien trop inquiétant pour que l'on n'ait pas besoin, dès aujourd'hui et sans attendre, d'enfants qui sauront le penser autrement qu'en graphiques, en pourcentages et en chiffres. Et l'École ne sera sauvée qu'en redonnant aux belles-lettres la fonction qui n'a jamais cessé d'être la leur, depuis des siècles : initier à la beauté, à la réflexion et au partage.

À la fin de *Drôle de jeu*, Roger Vailland cite *L'Anabase* où Xénophon, chef et narrateur de l'expédition des Dix Mille, évoque la liberté des cités grecques : « Aucun homme, en effet, n'est adoré par vous comme étant votre maître… » Et Marat, le héros du roman, de conclure qu'avec ses amis de la Résistance, ils sont tous « de la race qui dit Non ». Et c'est bien cela que nous enseigne la littérature : refuser l'inacceptable – et même, en quelque façon, refuser l'inéluctable [6].

---

6. Ce chapitre, sous une forme légèrement différente, a paru sur mon blog sous la signature conjointe de Pedro Cordoba, Françoise Guichard, Jean-Pierre Leguil et Françoise Puel, qui avaient bien voulu se joindre à moi pour le rédiger. Qu'ils soient ici remerciés de m'autoriser à le reproduire.

L'enseignement des lettres, comme tout le reste, doit être progressif. L'école primaire doit déblayer, le collège construire les cadres, et le lycée les meubler.

Dans le détail, **le primaire doit initier aux textes**, nous l'avons vu. Je ne redirai pas ici mon admiration pour La Fontaine et tant d'autres « classiques », mon attachement au « par cœur », ma certitude qu'une structure poétique apprise conduit à intégrer une structure lexicale et syntaxique de qualité.

Le collège, lui, doit fournir la genèse de la littérature. C'est ce qui se fait (un peu) en sixième, avec l'étude des « textes fondateurs » – mais d'une façon si superficielle que les élèves en retirent rarement un bénéfice réel. Ce que l'étude des grands textes religieux, des premières épopées, peut apporter, c'est la *genèse* des grands genres. Poésie et roman sont en gestation dans la Bible ou dans *L'Odyssée*. Lyrisme, description, variations du point de vue, types de récit, fantastique ou réalisme, tout y est en germe. C'est ce que devrait s'efforcer de dégager un programme de sixième sérieux.

En cinquième, on peut entrer dans les premiers temps de la littérature française. Fabliaux, épopées, « romans », cycles, trouvères et troubadours, mythes fondateurs (Tristan et Iseult, par exemple) concourent également à fonder une langue et une civilisation.

Quatrième et troisième pourraient alors entrer pleinement dans le champ chronologique, une première fois, et balayer l'histoire littéraire, parallèlement à des programmes d'histoire cohérents (voir plus haut). Du XVIe au XXe siècle, les élèves acquérraient un premier feuilletage littéraire : ceux qui vont vers des cycles techniques arriveraient en BEP avec des bases solides, ceux qui entrent au lycée sauraient situer un auteur, apprécier une langue.

L'exercice que je réhabiliterais le plus volontiers, et qui est quasiment tombé en désuétude, **c'est la rédaction**. Non pas le sempiternel « racontez vos vacances », non ! Mais l'exercice de style à la Raymond Queneau, l'imitation, la parodie – l'appropriation. Un gosse de treize ou quatorze ans, dans l'hypothèse où il aurait quelque chose à dire, n'a pas encore les moyens de le dire. N'est pas Rimbaud qui veut [7].

---

7. Simultanément, il serait temps que les facs de lettres s'aperçoivent qu'il existe des écrivains capables de parler de leur art.

Simultanément, le professeur de lettres étant aussi professeur de français, il est évident qu'il faut **plonger les élèves dans un bain de grammaire aussi progressif et complet que possible**, tout au long du collège. Et, en l'état présent des compétences, je n'ai rien contre l'idée d'en faire aussi au lycée, de façon systématique ou ponctuelle.

Quant au lycée, il est de toute première urgence de rétablir une chronologie stricte, afin d'arriver fin première avec un fil net, une filiation exacte, une idée précise de l'enchaînement des idées et des styles. Les contraintes des programmes Viala (Persuader, Convaincre, et autres fariboles de la communication devenue l'alpha et l'oméga de toute expression) se déduiraient naturellement d'une étude sérieuse des grands textes. Ce n'est pas en survolant un article de journal, ni en organisant un énième débat sur la peine de mort, que l'on fait progresser les élèves. Le cinquième acte d'*Horace* est un modèle d'argumentation

---

Leurs homologues américaines ont toutes créé, depuis des décennies, des cours de « *creative writing* ». Quelques universités françaises, trop peu nombreuses, se lancent dans des expérimentations de même nature. C'est curieusement à l'âge où les étudiants commencent peut-être à avoir quelque chose à dire et pourraient acquérir les moyens de le dire qu'on ne leur en donne pas l'opportunité.

(judiciaire), l'*Encyclopédie* en dit plus sur les mœurs, et plus intelligemment, que toutes les ratiocinations contemporaines. Retour à l'anthologie [8] – et au sens pur du terme : le recueil des plus belles fleurs (de rhétorique...).

Pour le bac de français lui-même, ce sont justement les textes qui doivent être au centre du dispositif, aussi bien à l'oral qu'à l'écrit. L'explication de texte est un exercice salutaire, dès lors que l'on donne aux élèves quelque chose à dire : et le travail du professeur de lettres consiste à déplier les textes pour en faire émerger toute leur moelle, non à demander aux élèves ce qu'ils en pensent – que voulez-vous qu'ils en pensent ? La dissertation peut être maintenue, même si dans l'état présent des élèves, elle est un exercice de rédaction bien difficile – mais il faut dès aujourd'hui préparer demain, et l'arrivée en collège et en lycée d'enfants enfin formés à la langue écrite.

8. Est-ce un hasard ? Anne Harmand, Inspectrice générale qui longtemps appuya la cause des pédagogistes, a dirigé une anthologie des *Plus Belles pages de la littérature française* récemment parue (novembre 2007) chez Gallimard. Y a participé, entre autres, Isabelle Mimouni, qui était membre de la commission Viala.

J'ai dit plus haut que je n'avais aucune objection contre l'épreuve d'invention, pourvu que l'esprit de cette épreuve inventée en 1999-2000 soit clairement celui du **« à la manière de »**. Un élève réellement formé à la littérature doit être capable d'apprécier le Proust des *Pastiches*, Reboux et Muller (*À la manière de*, Grasset, 1921), Jean-Louis Curtis (*La Chine m'inquiète*, Grasset, 1972, ou *La France m'épuise*, Flammarion, 1982) ou Patrick Rambaud (*La Farce des choses*, Balland, 1982, mais aussi, sous le nom de Marguerite Duraille, *Virginie Q*, Balland, 1988, ou *Mururoa mon amour*, Jean-Claude Lattès, 1996 – entre autres [9]). Surtout, il doit être capable d'en produire : je vois la classe de français, de la sixième à la terminale, comme un nouvel Ouvroir de Littérature Potentielle, où tous les jeux littéraires seraient licites, parce que c'est encore le meilleur moyen de s'approprier les autres – tous les autres. Arrêtons de croire que la littérature porte des « messages », ou que « le texte dit que » : la littérature donne à jouir. Elle n'est pas le petit commissionnaire de l'idée, elle est école du désir – le meilleur moyen de réconcilier l'élève avec la volupté d'apprendre.

---

9. Au cours des années 1980, les éditions Magnard ont fait paraître trois volumes signés Alain Duchesne et Thierry Leguay qui exploitaient totalement les divers aspects des jeux littéraires. La *Petite fabrique de littérature* (1984), *Lettres en folie* (1988), et *Les Petits papiers* (1991) sont une mine d'exercices et de divertissements.

Chapitre 15
Réformer le bac ?

« Passe ton bac d'abord !
MAURICE PIALAT

80, 82, 83 % : qui dit mieux ? Chaque année, les résultats du bac effacent des tablettes ceux de l'année précédente. Chaque année marque un nouveau record – ou nouveau cercle dans la spirale descendante. Et pourquoi pas 100 % ?

C'était il y a vingt-cinq ans, c'était il y a un siècle. Jean-Pierre Chevènement, alors ministre de l'Éducation, souhaitait amener « 80 % d'une classe d'âge au niveau du bac ». « Au niveau », c'est-à-dire, dans son esprit, aux compétences d'une classe de terminale. Cela couvrait aussi bien l'enseignement technique que les filières classiques. Cela ne signifiait pas la possession d'un diplôme effectif.

On lui extorqua, au nom d'un égalitarisme dont nous avons vu les ravages, la création des bacs Pro et leur alignement sur les bacs généraux : l'examen était pour tous le premier diplôme universitaire, et ouvrait automatiquement l'accès au supérieur.

La dévaluation, commencée après 1968 [1], pouvait s'accélérer.

Faut-il sauver un examen aujourd'hui en soins palliatifs ? Si oui, comment ?

83 % de réussite au bac, cela représente un peu plus de 65 % d'une classe d'âge, compte tenu de ceux qui ont abandonné leurs études avant la haie finale.

Nous savons tous désormais que pour arriver à un tel taux de réussite, nous avons dû modifier les épreuves, multiplier les options engrangeuses de points (pétanque ici, surf là-bas, parapente ailleurs [2]), sommer les recteurs de faire, chaque année, mieux que l'année précédente, créer des commissions qui en dernière instance récupèrent nombre de candidats malchanceux et prioritairement inciter les correcteurs à la plus grande

1. Pour mémoire : la proportion de bacheliers dans une génération est passée de 0,6 % (1851) à 7,4 % (1956). Au cours des années 1960, elle grimpe de 11,2 % (1961) à 20,1 % (1970). Elle ne gagne que 5 points au cours des années 1970 (1980 : 25,9 %), mais double en douze ans (1992 : 51,1 %), pour atteindre aujourd'hui plus de 65 %.

2. Respectivement dans les académies d'Aix-Marseille, Bordeaux et Clermont-Ferrand. Mais la plupart des options, et *a fortiori* les TPE, sont grands pourvoyeurs de points facilement gagnés.

mansuétude. Dans l'académie de Lyon, que préconisent les IA-IPR d'espagnol, au sujet de l'épreuve « Compréhension de l'écrit » ? « Il convient d'évaluer, dans cette rubrique, les aptitudes d'un candidat à comprendre un message écrit et non la qualité de l'expression ou de la production écrite. En conséquence, toute réponse pertinente sera considérée comme telle et pourra obtenir le maximum de points dans la mesure où elle sera intelligible, indépendamment de la correction ou de la richesse de la langue employée. » Mêmes consignes ou presque dans l'académie de Toulouse, pour les correcteurs d'anglais des séries S et ES : « Le barème sur 100 de l'épreuve de compréhension ne tiendra pas compte de la correction de la langue. Cependant on pourra retrancher après correction jusqu'à 10 points au maximum si les réponses comportent des erreurs de langue qui rendent les réponses difficilement compréhensibles. On pourra bonifier le total obtenu de 10 points à l'épreuve de compréhension si la langue est correcte et adaptée. » Les grossières erreurs d'expression sont donc minimisées, alors même que la simple « normalité » dans l'expression est survalorisée ! Et à propos de la communication des notes attribuées par les correcteurs : « Les correcteurs des épreuves écrites sont invités à transmettre spontanément la moyenne obtenue à l'issue de la correction des copies par mel [...] pour le lundi 26/6 au plus tard. Ils pourront rentrer leurs notes s'ils ne sont pas contactés [...] Il peut en effet être nécessaire, après l'examen de l'ensemble des notes de tous les correcteurs, de procéder à une harmonisation de celles-ci. » Au sujet du document étudié dans l'année et présenté à l'oral : « Il ne saurait être question de pénaliser la paraphrase et on valorisera les réemplois et toute forme de reformulation. » Même combat dans l'académie de Besançon, Inspection pédagogique régionale d'histoire et de géographie : « Toutes les copies, tous les modes d'expression sont recevables avec la même approche positive [...] La bienveillance est une obligation due à l'élève. Toute copie, toute évaluation orale est menée avec bienveillance. C'est-à-dire qu'elle valorise ce que le candidat sait et sait faire. Les points augmentent de façon positive. On ne décompte pas de points pour ce que l'élève ne sait pas encore. Toute copie verra la note proposée justifiée par une courte argumentation valorisante ou encourageante. On évitera toute stigmatisation ou appréciation dévalorisante. De même on évitera les notes infamantes qui ne peuvent que blesser inutilement les candidats [...] Toute la gamme de notes, en particulier les plus hautes, doit être utilisée. Il est inutile d'humilier les candidats avec les notes les plus basses... » Et, serpent de mer de toutes les rumeurs colportées dans les salles des profs et ailleurs, on utiliserait l'outil informatique pour ajouter des points aux plus tangents afin de limiter le taux de redoublements. Le bac, c'est toute cette cuisine qui concocte, chaque année, des résultats plus enthousiasmants que l'année précédente. Que des parents s'inquiètent encore, que leurs rejetons paniquent en terminale, a de quoi faire sourire. Un travail superficiel, le service minimum de l'élève, assure aujourd'hui l'obtention du diplôme.

Et pourtant, 17 % d'échecs, « ce n'est pas rien », dit Xavier Darcos.

Une bonne part du problème est là : comme dans les classes précédentes, un redoublement coûte cher (en moyenne, 12 000 euros par an et par élève). Qu'on se le dise : on ne reviendra pas au système élitiste des années 1960, quand on mettait aux candidats les notes que les correcteurs portaient effectivement sur les copies, et que les résultats dépassaient rarement 50 %. Élèves et parents, quoiqu'ils reconnaissent les uns et les autres la nécessité d'une sélection, ne le comprendraient pas : on ne sauvera pas le bac en prétendant lui redonner un sérieux qu'il n'a plus vraiment.

D'ailleurs, faut-il sauver le bac ?

Les Français sont profondément attachés à un examen inventé il y a tout juste deux siècles afin de dégager les élites dont l'Empereur avait besoin. On publie encore, dans certains journaux de province, la liste des admis. Les élèves arrosent et fêtent leur réussite. Les lycées pavoisent, et communiquent discrètement leurs statistiques à la presse afin de figurer en bonne place dans le palmarès officieux

– mais non occulte, tant il est largement diffusé dans la presse – des établissements les plus performants.

Pourtant, le bac aujourd'hui n'a plus grand sens. C'est si vrai que déjà près de 50 % des formations supérieures recrutent leurs élèves avant le bac, sur examen du livret scolaire. C'est vrai en classes préparatoires comme en BTS : c'est sur les résultats de première et de terminale, passés à la loupe par des jurys d'enseignants, que l'on décide d'accepter tel ou telle. Le bac, à l'époque où se passent ces sélections, n'est pas encore passé : aucune importance, pour les sélectionnés, on postule que ce sera une formalité.

Pour les meilleurs élèves, le bac est un bout de chiffon. Pour les autres, il n'est qu'une autorisation à aller se faire fusiller en fac. Professionnellement, il n'ouvre plus à rien[3] : un employé de banque, recruté il y a vingt ans avec le bac, doit aujourd'hui exhiber au moins un BTS, voire une licence. 80 % au bac ? Valérie Pécresse, fin janvier, souhaitait 50 % d'une génération à la licence. Le bac est la petite monnaie d'un système scolaire en pleine inflation, comme dit Marie Duru-Bellat[4]. Monnaie de singe.

Pourtant, il garde encore un certain prestige. Parce qu'il est national. Parce que les épreuves,

3. Officiellement aux concours de catégorie B. Mais l'inflation des diplômes est telle qu'un simple bachelier n'a aucune chance de s'y faire recevoir.

4. *L'inflation scolaire : les dérives de la méritocratie*, Seuil, 2006.

anonymes et communes, sont une garantie d'objectivité, et d'égalité de traitement. Et parce qu'il n'est pas mauvais que les adolescents aient encore des rites de passage, à une époque où, comme nous l'avons vu, on les garde enfants le plus longtemps possible.

Réformer, refonder le baccalauréat ? À quel usage ? Selon quelles modalités ?

Deux options s'offrent à nous.

Soit un retour à un bac à l'ancienne, épreuves sérieuses, notes couperets, toute-puissance des correcteurs. La fin de la récré, mais au plus mauvais sens du terme. Que ferons-nous des redoublants, dans un système déjà largement saturé ? On ne peut pas les mettre dehors, sous prétexte qu'ils ont depuis longtemps dépassé l'âge de l'école obligatoire.

D'autant que lâcher la bride aux correcteurs sous couleur de redonner son lustre à un examen à bout de souffle serait d'une injustice accablante. Pourquoi faire payer à la génération qui arrive aujourd'hui au lycée les erreurs pédagogiques des vingt dernières années ? Pourquoi imposer soudain aux purs produits de la Fabrique du crétin un examen couperet auquel rien ne les aura préparés ? Les élèves sont les « malgré-nous » d'un système miné par l'égalitarisme et la démagogie.

Soit un réaménagement complet du bac, diplôme de fin d'études, et non sésame du supérieur.

Septembre 2006. Dans la salle souterraine de la FNAC de Lyon, comble à ras bord de curieux et particulièrement d'étudiants de l'IUFM de la ville, je dispute à fleurets mal mouchetés avec Philippe Meirieu, qui vient tout juste d'abandonner la direction dudit IUFM. Ses supporters sont là – je les suspecte un peu d'être venus voir le patron dans ses œuvres, avec le même espoir malsain que les aficionados courant à la feria.

« 80 % de reçus au bac, mon cher, franchement, trouvez-vous cela sérieux ?

– Moi, réplique-t-il, je souhaiterais 100 %. »

J'ai suffisamment rompu de lances avec Meirieu pour qu'on ne puisse pas me soupçonner de complaisance à son égard. Mais si, un instant, on prenait au sérieux ce qui était encore pour lui une semi-boutade ?

100 % de réussite au bac ?

Il suffit de décréter que le bac sera désormais un examen de « fin d'études », le cachet scolaire faisant foi : l'élève sort de terminale, il a donc en théorie atteint un certain seuil de connaissances. Là s'arrêterait la mission du lycée – à la porte de l'enseignement supérieur.

Avantage immédiat, la fin du bachotage, cette plaie de l'enseignement depuis des décennies. L'élève, dûment informé, ne travaillerait plus pour quelques épreuves finales, mais devrait satisfaire, tout au long d'un cycle de deux ans (première/terminale, la seconde restant la gare de triage), aux exigences scolaires, assiduité et compétence. Et ce, dans toutes les matières – alors que le bac, qui est déjà un examen incroyablement lourd à mettre en place, teste de façon bien incomplète les connaissances. Le vrai contrôle continu, il est là, dans la persistance deux ans durant, bien plus que dans quelques notations ponctuelles dont on sait bien qu'elles peuvent être manipulées au gré des établissements. À l'arrivée, le niveau effectif d'élèves rendus à une assiduité obligatoire a toutes les chances d'être plus élevé qu'après quelques mois d'un bachotage dont pratiquement il ne reste rien, à l'automne suivant.

Deuxième avantage, le dernier trimestre serait rendu à l'enseignement, au lieu d'être en grande partie amputé par l'organisation des épreuves, et la nécessaire tenue des conseils de classe avant leur déroulement. Et les professeurs, qui ne seraient plus mobilisés par la surveillance des épreuves ou la correction des copies, resteraient devant leurs classes jusqu'aux vacances – mais pas au-delà, alors qu'aujourd'hui les corrections, jurys et autres joyeusetés les amènent jusqu'à la fin de la première semaine de juillet.

Troisième avantage – et les syndicats devraient bien y penser : en enseignant toutes les matières jusqu'à la dernière semaine de terminale, on éviterait les suppressions d'heures et de postes aujourd'hui justifiées par les épreuves anticipées en première (le français pour tous, et l'histoire-géographie pour les sections techniques, STT ou STI). On faisait du français jusqu'en terminale dans les années 1960. La création de l'EAF (Épreuve anticipée de français) a entraîné sa suppression en terminale, sauf pour la série L. Si demain, comme l'y incitent divers raisonnements comptables, le gouvernement choisit d'anticiper les épreuves de langues ou de maths, que restera-t-il à faire en terminale ? Combien de milliers de postes seront supprimées par un pur raisonnement comptable ?

Bien sûr, les universités devraient pouvoir, à leur gré, accepter sur dossier les candidats aux études supérieures. Le système qui régit aujourd'hui les BTS peut facilement être étendu : il est tout de même moins lourd de trier des dossiers que d'organiser un examen national pour, en moyenne, 660 000 élèves. De surcroît, comme les inscriptions dans le supérieur s'effectuent au cours du deuxième trimestre de terminale, les universités seraient largement à même d'encourager ou de décourager les candidatures, au vu des résultats accumulés depuis le début de la première : l'informatisation déjà réalisée des notes trimestrielles peut rendre l'opération très aisée.

Quant aux fanatiques du pan-européanisme, ils devraient y trouver leur compte : la France est aujourd'hui une rareté dans le paysage occidental, avec un examen final couperet – même si la lame en est très émoussée.

Que prend-on en compte quand on examine un dossier scolaire ? Les notes, bien sûr, les appréciations aussi, la régularité dans l'effort, les forces et les faiblesses, mais aussi le nombre d'absences – ou d'éventuelles sanctions. Des élèves prévenus gèrent fort bien, par avance, leur travail et l'image qu'ils veulent donner – et l'image, en l'occurrence, c'est l'être : faire des efforts permanents pour donner l'impression que l'on fait des efforts, c'est déjà se mettre en situation mentale de progrès. En fait, un livret scolaire est infiniment plus détaillé – et rien n'empêche de le peaufiner pour que le détail soit encore plus fin – qu'une sanction finale. Et six moyennes trimestrielles valent bien mieux qu'une note finale, toujours sujette à accident. Les conseils de classe de terminale donnent déjà des avis sur l'obtention du bac – « Très favorable », « Favorable », ou « Doit faire ses preuves à l'examen ». Et les enseignants savent bien que ce qu'ils expriment ainsi est une probabilité très fine, une anticipation sans grands aléas du résultat final : à quoi sert dès lors la tenue effective d'un examen qui, neuf fois sur dix, entérine cette appréciation ? En quoi les correcteurs anonymes sont-ils plus objectifs que des enseignants qui ont, toute l'année, fréquenté un élève et connaissent par cœur ses forces et ses faiblesses ? Et ces mêmes enseignants pourraient, en fonction des résultats, demander le redoublement de tel ou tel élève : je parie qu'il y en aurait moins que les 17 % de recalés actuels.

Belle occasion, diront certains, de faire entrer dans les universités une sélection qui n'ose dire son nom, encore qu'elle soit appliquée, de façon officielle ou sournoise, dans plus de 50 % des formations supérieures. Mais ne vaut-il pas mieux dire aux candidats la vérité, au lieu de les autoriser à venir exploser en vol en première année de fac ?

Organiser la concertation la plus large possible pour évaluer le bac. Cet examen est un bien national, et c'est à la Nation de donner son avis.

Faire, en liaison avec les universités, une simulation de recrutement, sur la base du livret scolaire.

Envisager sereinement de **faire passer le bac du statut de premier diplôme de l'enseignement supérieur à celui d'examen de fin d'études**.

En profiter pour **maintenir ou rétablir en terminale l'enseignement de matières aujourd'hui absentes à ce niveau**, sous prétexte d'épreuves anticipées.

Chapitre 16

Concours de recrutement

« En ânonnant d'une voix de crécelle des formules rituelles à l'intérieur desquelles ils tournent sans fin, et qu'ils réitèrent implacablement si l'on commet l'erreur de leur poser une question, ils vous apprennent à parler et à “communiquer”. En repoussant toute critique sur les cours qu'ils donnent, mise sur le compte d'une mentalité rétrograde, ils vous apprennent à écouter et à vous remettre en question. »

PIERRE JOURDE [1]

« Je m'engage à instaurer un système comparable à celui des IPES, qui jadis permettait aux bons élèves qui se destinaient à l'enseignement de financer leurs études. »

NICOLAS SARKOZY [2]

1. *Festins secrets*, L'Esprit des Péninsules, 2005.
2. Discours prononcé à Maisons-Alfort, le 2 février 2007.

Êtes-vous pro-chinois ?

Non, non, pas au sens des violentes délices de la Gauche prolétarienne et de *La Cause du peuple*. Juste au sens moderne du terme : dans un pays – le nôtre – qui ne dépassera pas 1,5 point de croissance en 2008, regardez-vous parfois du côté de l'Empire du milieu, qui flirte allégrement avec les 15 points ? Vous demandez-vous ce qui nourrit cette croissance insensée ? Quel système éducatif a permis ce décollage ?

La réponse est un peu brutale. En 1977, quand la Chine tout juste post-maoïste – peu suspecte d'embourgeoisement – se débarrassait de la Bande des Quatre, on proposa un examen d'entrée en université (le premier depuis 1965) à 5,7 millions de Chinois âgés de treize à trnete-sept ans – une fraction dérisoire d'un peuple qui avait déjà bien dépassé les « 700 millions » dont parlait Dutronc dix ans auparavant. 273 000 (4,7 %...) furent admis : ce sont ceux qui aujourd'hui dirigent la Chine, et cooptent chaque année les meilleurs élèves de l'un des systèmes les plus élitistes au monde.

Oh, le système d'enseignement chinois s'est démocratisé depuis 1977 : il y avait en 2007 9 millions de candidats (pour une population qui flirte avec les 1,3 milliard), dont 58 % passèrent avec succès les tests[3]. Pendant ce temps, Valérie

3. À titre de comparaison, il y a en France aujourd'hui environ 2,3 millions d'étudiants, toutes formations confondues, pour 65 millions d'habitants.

Pécresse voudrait qu'en France 50 % d'une génération décroche une licence…

Cessons de faire du mauvais esprit. Il suffit chez nous qu'un ministre suggère qu'il pourrait y avoir une sélection à l'entrée à l'université pour que les fourches se dressent, et que les organisations étudiantes manifestent.

Piaillements… Mais tout cela permettra sans doute à un leader étudiant de devenir, à vingt-huit ans, archonte d'un parti pourrissant.

Si l'on examine un peu froidement ce qui se passe après le bac – et nous savons tous ce qu'il faut penser du bac –, que constatons-nous ? Près de la moitié des formations supérieures pratiquent une sélection officielle (BTS, IUT, classes préparatoires, grandes écoles, médecine…). Quelques universités (Paris-Dauphine) le font ouvertement aussi, et depuis des lustres. D'autres, comme Orsay, ont inventé une année de propédeutique, véritable gare de triage où l'on remet à niveau les bacheliers – et l'on n'admet en « première année » que ceux qui ont satisfait à une sélection assez drastique. Partout se mettent en place des systèmes de filtres : en amont en allant prêcher la bonne parole dans les lycées (« Voici ce qui vous attend chez nous – surtout, ne venez pas ! »), en aval en passant au fil de l'épée plus de 50 % des inscrits en première année.

L'essentiel de la réflexion de fond sur l'université a été accompli par la commission présidée par Patrick Hetzel, qui a remis son rapport [4] au Premier ministre en octobre 2006. Que disait ce rapport, dès les premières pages ?

« Le taux d'échec pour les jeunes bacheliers entrés dans l'enseignement supérieur est beaucoup trop élevé en France. Cet échec comporte deux réalités qui se juxtaposent : la première concerne 20 % d'entre eux, soit plus de 80 000 bacheliers et 10 % d'une génération dont les espoirs sont très fortement déçus tous les ans car ils quittent l'enseignement supérieur sans en être diplômés, et la seconde tient au fait qu'un tiers des étudiants inscrits en première année de l'enseignement supérieur redoublent cette première année [5]. Or, les jeunes qui sortent de l'enseignement supérieur sans en être diplômés après une ou deux années universitaires et qui se présentent sur le marché du travail vont avoir une probabilité de connaître une période longue de chômage qui est sans commune mesure à celle des diplômés de l'enseignement professionnel

4. Disponible sur http://www.debat-universite-emploi.education.fr/.

5. Une analyse fine, proposée plus loin dans le même rapport, montre que si la moyenne des échecs en première année monte, au total (entre redoublements et abandons) à plus de 50 %, cette statistique est très variable selon le bac d'origine des étudiants. Ainsi, le titulaire d'un bac S réussit à 70 %, celui d'un bac ES ou L à 50 %, les bacs STT ou STI à moins de 30 %, et les bac Pro à 3 %. Le même diplôme nominal ne renvoie pas aux mêmes réalités effectives.

court (CAP, BEP, baccalauréats professionnels) dont les qualifications et les compétences sont reconnues par le marché de l'emploi. Cette donnée statistique illustre le fait qu'il n'y a pas de corrélation strictement linéaire entre nombre d'années de présence sur les bancs de l'école et taux d'insertion professionnelle. Ainsi, sur un marché du travail où le diplôme constitue un signal fort pour les employeurs, ces jeunes qui quittent l'enseignement supérieur sans y obtenir de diplôme s'insèrent dans des conditions nettement moins favorables que leurs homologues diplômés n'ayant pas suivi d'études supérieures. »

Qu'en déduire ?

Avant tout, que c'est en amont qu'il faut agir – en repensant complètement les programmes, bien sûr, dès le primaire, et tout le cursus jusqu'au bac, afin de donner des armes de bonne qualité aux futurs universitaires. Mais d'abord, en réformant en profondeur l'orientation scolaire, qui bien souvent n'oriente qu'en fonction des besoins immédiats, et non des besoins à terme. Ainsi, au milieu des années 1990, on a envoyé vers l'informatique des dizaines de milliers d'étudiants, qui sont arrivés à maturité dans leur branche au moment même où l'informatique connaissait sa première crise de croissance et se restructurait : les technologies aujourd'hui porteuses ne le seront pas forcément demain, et personne ne semble tenir compte du fait qu'il faut des années pour former un étudiant.

Quant aux métiers de demain, qui a la prétention d'en avoir la moindre idée ? Tout le monde sait que seule une formation très généraliste permet, à terme, les spécialisations les plus étroites. Et que la filière classique des banquiers de la City, c'est Oxford, option grec ancien.

L'éducation elle-même sera un secteur porteur dans les années à venir. Plus de 400 000 enseignants partiront à la retraite dans les cinq à dix ans à venir : qui les remplacera ? Qui aura envie de les remplacer ? Qui aura la capacité de les remplacer ?

Nous n'avons pas le temps d'attendre qu'une génération formée aux principes éducatifs dont ce livre fait la promotion désespérée parvienne au bac. Il faut dès maintenant faire avec ce que nous avons, en nous efforçant de pallier les manques, rattraper les insuffisances, et former ceux qui formeront les enfants de nos enfants.

J'ai consulté des spécialistes, et nombre de mes collègues, en écrivant ce livre. Tous m'ont conseillé de ne pas m'en prendre à ce sujet qui fâche, la formation et la sélection des enseignants. « Ne dites pas de mal des enseignants, passés, présents ou à venir… »

Au primaire, le recrutement se fait aujourd'hui sur la base de n'importe quelle licence, au terme d'un concours fort sélectif (en moyenne, un reçu sur dix candidats) qui malheureusement ne teste guère les connaissances dont pourrait avoir besoin le futur instituteur. *Quid* de l'orthographe, de la grammaire, de l'art de rédiger, de l'histoire et de la géographie, des mathématiques et des sciences – sans parler des arts ou de l'éducation physique ? Le concours, plus QCM qu'épreuve véritable, ne mesure pas grand-chose, mais n'oublie pas d'opérer un tri sévère : la première caractéristique se retrouvera plus tard, la seconde est décriée par ceux mêmes qui l'utilisent sauvagement à ce niveau. Les pédagogues autoproclamés s'insurgent contre la notation trop sévère, et militent pour la fin du redoublement, qui ne peut marquer qu'un échec du maître, c'est bien connu : mais ils utilisent l'une et l'autre lorsque ça les arrange.

Depuis l'invention des IUFM, les « sciences de l'éducation » ont pris le dessus sur toutes les disciplines traditionnelles : pour parodier les staliniens, nous dirions qu'aujourd'hui la formation des maîtres, ce sont les IUFM, plus la didactique. Je ne nie pas qu'il puisse y avoir une réflexion sur l'histoire de l'éducation, ni même que l'on puisse améliorer sans cesse des pratiques de classe que la routine tue. Mais justement, pourquoi vouloir remplacer les coups de règle sur les doigts, dont l'efficacité ne m'est jamais clairement apparue, par un nouveau conformisme – la « gestion de l'espace-classe », le « positionnement du corps du maître », la technique de rangement/dérangement des tables (en rangs, en carrés, en quinconce…) ? La pédagogie, la vraie, est improvisation – et j'inclinerais presque à penser que seuls les « concours d'impro », comme on les pratique au théâtre, peuvent donner un peu de confiance à des étudiants qui en manquent.

Qui sont les futurs instituteurs ?

Rarement des étudiants entrés à l'université dans le but de faire de l'enseignement. Trop souvent cette option est un pis-aller, une tentative ultime pour entrer dans l'administration, après une licence de psycho/socio/médiation culturelle et autres billevesées à la mode [6]. Si le concours d'entrée en IUFM est si couru, c'est que la profession garantit une implantation dans sa région – pour l'instant, mais ça ne saurait durer : les professeurs du secondaire, au terme du CAPES ou de l'agrégation, sont disséminés dans la France entière, moins selon leurs vœux ou leurs obligations familiales qu'au gré des besoins de l'administration. Combien d'enseignants n'ont eu de rapprochement avec leur conjoint qu'au terme de plusieurs années d'éloignement géographique ? Et peut-on demander à tous les conjoints d'avoir la patience de Grisélidis ?

---

6. C'est l'un des effets les plus notoires de ce « complexe de Peter Pan » dont je parlais plus haut : la dernière rumeur remplace désormais la vocation, et la réflexion. Nos enfants vivent le mode de la mode et de l'instantané, alors qu'entreprendre des études suppose un minimum de prospective.

Quant au traitement du nouvel enseignant, il faut certainement remettre les pendules à l'heure, quand un ministre du gouvernement Villepin prétendait qu'un professeur de collège gagne en moyenne 5 000 euros par mois. Un certifié frais émoulu commence à 1 300 euros mensuels, après cinq ans d'étude et un concours dont je peux témoigner, en tant que membre du jury, qu'on n'en fait pas cadeau. Et j'aimerais passer sur le fait qu'il commence cette carrière loin des siens, en général dans l'une de ces Zones d'Exclusion Programmée où le « bleu » est d'abord une cible. Combien de vocations ont été tuées dans l'œuf en une année de chahuts, quand ce n'est pas une année de violence ? Quel formateur d'IUFM a déjà enseigné en ZEP ? Aux vertus que l'on demande aux enseignants, combien de « formateurs » mériteraient de l'être ? Et combien de pédagogues professionnels ont choisi de se convertir au langage ésotérique de l'IUFM pour s'y faire coopter et fuir le collège où on les harcelait – et où, curieusement, leur pédagogie ne suffisait pas à faire régner l'ordre ?

Comment se faire respecter en classe ? Mille situations, mille recettes – autant dire qu'il faut sans cesse réinventer sa pédagogie.

Mais pour improviser, il faut disposer d'un canevas solide. Mon glorieux ancêtre Brighella, personnage de la *commedia dell'arte* (mauvais sujet, buveur du vin de son maître, coureur de jupons, hâbleur impénitent, prototype de Scapin et autres valets de comédies – toute ressemblance avec l'auteur de ces lignes ne peut être que fortuite), improvisait en fonction du village où la troupe avait dressé ses tréteaux, mais disposait d'un corpus de répliques, fausses improvisations, gesticulations calculées, dans lequel il puisait la phrase, le geste ou la mimique – sous son masque. Ou, si l'on préfère, un enseignant lâché parmi les fauves doit pouvoir compter sur une vraie culture, très générale d'un côté et très pointue dans sa matière.

Et l'on voudrait étendre la bivalence à tous les enseignants, pour réaliser des économies de bouts de chandelles sur le dos de maîtres qui se feront forcément bousculer par les barbares ? Allons donc ! Ce n'est certainement pas en faisant des profs de gym/français, ou de maths/allemand, que l'on remontera un niveau déjà bien bas dans les chaussettes. Il y a certainement des économies d'échelle à entreprendre, nous ne pouvons rester le système éducatif dont le budget est le plus élevé du monde occidental et le retour sur investissement l'un des plus faibles. L'antienne de certains syndicats sur les « moyens » n'est qu'un poncif pour camoufler les carences propositionnelles : le syndicalisme est trop souvent, comme aurait dit Proudhon, la misère de l'imagination [7], alors que

7. Je ferai une exception aujourd'hui pour le SNALC, le seul syndicat qui entretienne une vraie cellule de réflexion sur les

l'indigence même du système devrait nous donner de l'audace.

Reste à savoir si les universités sont encore capables de former des enseignants – et dans quelles conditions.

Antoine Compagnon [8], professeur au Collège de France et membre de ce HCE qui dénombrait l'été dernier 40 % de malhabiles en lecture-écriture en sixième, se livre à un pronostic qui peut paraître exagéré et qui n'est que réaliste : « Les universités étant ce qu'elles sont, et les IUFM étant pires, rien ne nous garantit que les masters d'enseignement de demain seraient de meilleure qualité que les licences d'aujourd'hui, et si le recrutement qui suit est simplifié sous prétexte que l'université a déjà validé les connaissances et compétences des candidats, il est en revanche assuré que la qualité des professeurs des écoles chutera. » Et celle des certifiés itou ! Sans une maîtrise sérieuse des savoirs, sans un approfondissement réel dans leur matière, les

---

programmes, et qui a compris que la négociation avec le ministère passe par la proposition, non par la crispation. Ironie de l'histoire : un syndicat jadis classé à droite est aujourd'hui sur la gauche (intellectuelle) des organisations proches de la gauche officielle – ou de ce qu'il en reste. Signe des temps : les uns, faute d'imagination, ont été renvoyés par le peuple à leurs agitations microcoscomiques, si je puis dire. Les autres, pour la même raison, fédèrent de moins en moins d'enseignants, dégoûtés d'un discours répétitif qui prend pour une victoire l'acquisition d'un demi-point d'indice.

8. « Tant vaut le maître, tant vaut l'école », in *Le Figaro*, 23 janvier 2008.

professeurs, enfin « professionnalisés » selon les vœux de la commission Pochard, ne sauront plus rien enseigner – et, contrairement à ce que s'imaginent les Pédagogues, ne sauront pas comment enseigner. Antoine Compagnon ajoute, flèche du Parthe : « L'intégration des IUFM aux universités, suivant la loi Fillon, est en cours, et son succès est incertain : au lieu de "l'universitarisation" des IUFM, elle aboutira souvent à "l'IUFMisation" des universités. » Quant aux facs qui ne bénéficieront pas de la tutelle amicalement pesante desdits instituts, que leur restera-t-il ? Leurs yeux pour pleurer – ou un confinement dans des recherches ésotériques dont on finira bien par s'apercevoir qu'elles ne débouchent sur aucune « professionnalisation » conforme aux diktats des sciences de l'éducation.

Le CAPES doit être préparé par les universités – et il ne serait pas mauvais que dès la première année, les facs se penchent sur les vocations et imaginent des cursus préparatoires aux concours. Les facs, pas les IUFM[9] : car où est le Savoir, sinon chez les universitaires ? Qui est le mieux à même de

9. Les IUFM sont aujourd'hui intégrés dans des universités. Du coup, les facs qui les hébergent, et qu'ils sont en train de phagocyter, obtiennent des moyens supplémentaires, se verraient bien confier l'intégralité de la formations des maîtres, alors même que d'autres facs, dont les sciences de l'éducation sont absentes, préparent mieux aux concours de recrutement. C'est par exemple le cas, statistiquement, de Paris-IV (IUFM et rentabilité moyenne) et de Paris-III (pas d'IUFM, mais une bonne préparation au CAPES).

le transmettre, sinon des universitaires ? J'entends bien sûr par là des gens de haut niveau, suffisamment altruistes pour transmettre au grand nombre leurs connaissances, et non pour former quelques individus à la recherche – c'est un autre métier, tout aussi captivant, et certains y excellent, pendant que d'autres dégrossissent avec génie [10]. Les universités veulent aujourd'hui absorber les classes prépas ? C'est drôle, quand on y pense, et si justement français – paradoxal, masochiste et inefficace : c'est justement le modèle « prépas » qui doit être la matrice d'une formation sérieuse aux métiers de l'enseignement [11]. Au passage, combien

10. C'est ce à quoi devraient être consacrées essentiellement les deux premières années d'université : refaire une santé intellectuelle aux étudiants indifféremment issus d'un système scolaire qui les a peu préparés aux exigences de la fac, c'est le moins que l'on puisse dire. Restructurer les aptitudes, étendre les savoirs, et surtout, se centrer dès la première année sur la dominante du cursus : il est impensable que des étudiants de lettres en fassent si peu, sous prétexte que plus tard il leur faudra quelques connaissances linguistiques ou d'ancien français : les élèves de classes préparatoires littéraires font de la littérature à haute dose, et lorsqu'ils se retrouvent éventuellement en université après une hypokhâgne ou une khâgne, ils n'ont aucun mal à récupérer un niveau honorable dans les disciplines techniques dont on a saturé les étudiants, au sortir du bac, en pure perte.

11. Car ce n'est pas uniquement d'enseignants que nous avons besoin, mais aussi de bibliothécaires, de CPE, de personnels d'encadrement qui ne soient pas de purs administratifs figés dans l'obéissance aux ordres. Bref, de personnes susceptibles, à chaque instant, d'aiguiller les élèves, de les remettre en selle, de les récupérer quand plus rien ne va, de les orienter dans le maquis des formations. Le vrai tutorat de demain, il est là, dans une collaboration de chaque instant au sein d'établissements à taille humaine. Le raisonnement qui fait aujourd'hui fermer les hôpitaux de proximité parce que seuls les

d'enseignants-chercheurs assumeraient l'emploi du temps, les programmes et les heures de corrections hebdomadaires d'un professeur de classes préparatoires ? Croient-ils qu'ils auraient encore le temps de « chercher » ?

En fait, c'est le modèle des « prépas » qu'il faut étendre aux universités – alors que certains, pour d'obscures raisons financières, voudraient les y dissoudre. C'est avec ce genre de raisonnement qu'Othello a étranglé Desdémone – dommage pour Desdémone.

Cela suppose, par exemple, qu'on ne décourage pas les bonnes volontés en assommant les candidats en première année avec des disciplines très techniques, alors qu'ils sont là pour enseigner un jour l'histoire, ou les lettres, ou les mathématiques. Ainsi, dès la première année de lettres, les étudiants, qui ont le niveau que leur a donné le lycée, sont submergés de cours d'ancien français, de linguistique, de grammaire ou de « latin grands débutants », toutes disciplines fort utiles, mais fort exigeantes et un peu décourageantes quand on n'en

---

grands centres sont équipés en matériel lourd est un modèle tentant, mais inadéquat en matière d'enseignement, parce que le seul « matériel » dont nous avons besoin, en dehors des établissements techniques, c'est de femmes et d'hommes qui se penchent au plus près des besoins des élèves : ils le font déjà, quand ils le peuvent. Ils le feront d'autant mieux demain si on les forme à transmettre, et encore transmettre, des savoirs bien définis, et non je ne sais quelle compassion sclérosante.

est pas même à savoir rédiger une dissertation, et que l'on situe Voltaire à deux cents ans près. Les élèves de khâgne sont immergés dans des bains de littérature, langues, philosophie et histoire – continuation et approfondissement du lycée, au fond –, et lorsqu'ils repiquent en fac en licence, ils ne s'en sortent pas trop mal en ancien français ou en grammaire, alors qu'ils n'en ont jamais fait.

L'agrégation a une autre esthétique que le CAPES, et pourrait se passer un an plus tard (à M2, pour emprunter le jargon des universités, soit la seconde année de master). Cela fait vingt ans que les Pédagogues (qui ne crachent pas sur l'« agrég », comme on dit, lorsqu'on la leur offre sur tapis vert, au nom d'une promotion interne qui dévoie notablement la notion de mérite) rêvent d'en finir avec un concours qui leur échappe, de même que leur échappent des agrégés frais émoulus qui acceptent de venir s'ennuyer en IUFM sans en subir pour autant les foudres sclérosantes. Pourtant, qui ne sait, y compris parmi ceux qui les ont ratés, que préparer l'agrégation ou le CAPES donne un allant nouveau, en accroissant en peu de temps la quantité de connaissances immédiatement disponibles [12] ? Et

12. Les concours qui se passaient en mai il y a vingt ans ont désormais lieu en mars – raison de plus pour établir à M1 (CAPES) ou M2 (agrégation) des épreuves qui ne peuvent raisonnablement se préparer en six mois : une formation cohérente supposerait que les programmes de l'agrégation paraissent avec plus d'un an d'avance.

certains pays, confrontés à une grave crise de recrutement et de niveau (l'Allemagne, entre autres), lorgnent très fort sur nos diplômes nationaux – à l'heure où d'aucuns voudraient les supprimer et se conformer à l'exemple... allemand.

Dans tous les cas, ces concours de recrutement doivent demeurer nationaux, seule garantie de niveau : l'émiettement des universités françaises, et leurs disparités, sont tels que des diplômes universitaires régionalisés ne vaudraient que ce que valent les universités qui les décerneraient. Et quelle garantie que telle région desservie par une fac notoirement faible dans telle ou telle discipline puisse faire encore bénéficier les futurs collégiens, les futurs lycéens, d'un enseignement de qualité – début d'une spirale descendante sans fin ? Sans compter que soumettre le recrutement aux fantaisies locales, c'est donner un poids invraisemblable à une coterie, un groupe de pression, qu'il soit universitaire ou syndical. À quel club faudra-t-il s'inscrire, demain, pour qu'un chef d'établissement doté, au nom de l'autonomie, de pouvoirs excessifs, vous recrute ? À quelle fédération de parents d'élèves faudra-t-il complaire ?

L'État veut faire des économies ? Sans doute – mais pas en jetant le bébé avec l'eau du bain, comme le susurre, non sans hypocrisie, la commission Pochard.

C'est en jouant sur le qualitatif, non sur le quantitatif, que l'on fera des économies significatives.

C'est en réformant les programmes dans le sens d'une plus grande pertinence, d'une plus grande efficacité, que l'on tiendra les cordons de la bourse.

Le (futur) président de la République proposait donc, en février 2007, de recréer les IPES, ces concours (passés à bac + 1 ou 2) qui assuraient à ceux qui les réussissaient une bourse d'un montant mensuel égal au SMIC, en échange d'un engagement à passer le CAPES et à servir l'État au moins dix ans. Bonne idée : le concours est la plus pure expression du mérite, et l'on ferait bien de repenser complètement le système des bourses : si certaines situations économiques doivent être compensées, à quoi sert un saupoudrage inefficace – frustrant ? Ne vaut-il pas mieux concentrer l'argent de la Nation pour l'usage de ceux qui serviront la Nation ?

Des IPES nouveau style, passés région par région, pourraient avoir assez de souplesse pour s'adapter aux réalités universitaires locales – un IPES de lettres pourrait ainsi proposer des options théâtre ou cinéma, mais en gardant un fonds spécifique de lettres. Un IPES d'histoire pourrait avoir une mineure en géographie – et vice versa. Il ne s'agit pas de bivalence, mais de complémentarité.

Et, surtout, ne pas avoir d'épreuve de pédagogie ou de « sciences de l'éducation ». Ce n'est pas parce qu'on recrute de futurs enseignants qu'il faut les dégoûter tout de suite.

Qui serait éligible pour un concours de ce genre, qui s'apparente à une bourse de haut niveau ? Tous les étudiants, bien sûr – c'est le principe même du concours. L'idée d'opérer une ségrégation au nom d'une « discrimination positive » ne peut germer que dans la cervelle des apparatchiks qui ont infecté la commission Pochard. Le 4 février dernier, ladite commission remettait officiellement au ministre de l'Éducation un rapport où elle préconisait, entre autres suggestions qui marquent bien la collusion de l'idéologie pédagogiste et d'un libéralisme retardataire, d'inventer des IPES réservés aux jeunes issus des milieux défavorisés[13]. Et l'argumentaire utilisé pour justifier une telle discrimination est particulièrement abject : les bénéficiaires, dit la commission, « constitueront un vivier d'enseignants plus proches socialement de leurs élèves et ils formeront une population d'enseignants stables dans les académies fuies aujourd'hui par les néotitulaires dès qu'ils en ont la possibilité » ! Nourris dans le ghetto, ils en connaissent les détours ! Et avec l'aide de l'État, ils sont priés de rester à jamais dans le labyrinthe. Où est l'ouverture, où est la promotion sociale ? Et dans quel monde vivent les Forestier et les Maurin qui ont accouché de telles billevesées ? « Les académies fuies aujourd'hui par les néotitulaires » ! Je le crois bien : le rêve constant du ghetto,

13. P. 188 dudit rapport.

c'est de fuir le ghetto – qu'il soit social ou scolaire – et, par la grâce des ZEP, les deux se superposent [14].

Il est une autre piste que les gouvernements de ces dernières années n'ont pas explorée avec une grande pertinence, c'est celle des retraites.

Loin de moi l'idée de remettre en cause les quarante annuités donnant droit à un repos amplement mérité. Mais l'enseignement est par excellence l'une des professions où une modalisation de l'âge de départ à la retraite pourrait s'appliquer avec discernement.

D'un côté, il est évident que des enseignants sont carbonisés bien avant que le terme soit échu. La Cessation Progressive d'Activité (CPA) était là pour en tenir compte – c'est un métier qui peut être éreintant, et les disparités, d'un établissement à l'autre, sont telles qu'aucune comparaison n'est possible. Mais j'ai connu nombre de collègues que l'obligation de partir à soixante ans désemparait totalement – et combien de jeunes retraités de l'enseignement, qui n'arrivent pas à dételer d'un métier aussi prenant, participent à des activités bénévoles de soutien scolaire ? C'est un vivier considérable, surtout si l'on tient compte du fait que les départs à venir seront massifs, et que la relève est

14. Voir l'éclairant ouvrage de Georges Felouzis, Françoise Liot et Joëlle Perroton, *L'Apartheid scolaire, enquête sur la ségrégation ethnique dans les collèges*, Seuil, 2005.

mal assurée – en attendant les candidats de 2020, ceux qui auront bénéficié d'un enseignement rénové, d'une école remise sur pied…

Pourquoi ne pas proposer aux bonnes volontés de rester quelques années de plus dans le système, dans des conditions de travail et de rémunération intéressantes ? Ne serait-ce que pour encadrer leurs remplaçants, ou porter la bonne parole, dans les universités ou ailleurs, sur tous les petits trucs du métier qui rendent l'atmosphère de classe respirable, et même studieuse ? Pourquoi se priver de compétences, alors même que les jeunes ne se précipitent pas en foule pour les remplacer ?

Entre un « aide-éducateur » embauché sur des compétences illusoires, et un enseignant chevronné capable de faire passer un enseignement exigeant, qui hésiterait ?

Il est de toute première urgence de **se donner les moyens de compenser au mieux les prochains départ à la retraite**, quelles que soient les exigences budgétaires. Pour cela, il faut :

Faire savoir dans le secondaire que des perspectives de carrière s'ouvrent dans telle ou telle discipline ;

Modifier la formation initiale, en développant sérieusement l'apprentissage des savoirs disciplinaires sur les trois premières années – quitte à instaurer dès la première année d'université un cursus « enseignement/préparation aux concours » ;

Recentrer les études sur le champ disciplinaire interdit pratiquement la recherche de la « bivalence », cette fausse bonne idée qui réinvente les PEGC au détriment des savoirs fondamentaux à transmettre aux étudiants, et plus tard aux élèves ;

Relever sensiblement le salaire des débutants, de façon à la fois à créer une vraie attractivité pour une profession aujourd'hui fort dévaluée, et à redonner un certain lustre à la fonction, dans une société qui n'estime les gens qu'en fonction de ce qu'ils gagnent : une réévaluation immédiate de 200 euros est un minimum. Pour les non-initiés, je signale que les enseignants ont perdu, en vingt ans, plus de 20 % de leur pouvoir d'achat : quelle autre catégorie de travailleurs accepterait une telle perte ? Il faut vraiment que nous ayons le sacerdoce chevillé au corps…

Créer un système de bourses au mérite, sur concours comme l'était autrefois l'IPES, qui incitera les néo-bacheliers à entrer précocement dans la carrière. À ceux qui se demanderaient comment financer un tel recrutement, je répondrai que l'on trouve bien le moyen de sur-financer des IUFM [15] dont la rentabilité n'apparaît guère. Cela vaudrait peut-être la peine, pour une fois, de déshabiller Pierre pour habiller Paul ;

Redonner un poids réel aux disciplines dans les concours de recrutement, et en finir pour l'essentiel avec la fantasmagorie des « sciences de l'éducation », qui n'ont jamais permis à quiconque de faire cours ;

15. Un collégien ou un lycéen coûte environ 12 000 euros par an. Un étudiant d'université un peu plus de 6 000. Un étudiant d'IUFM plus de 16 000. Cherchez l'erreur.

Éviter autant que possible de muter en première instance les néo-certifiés dans des établissements délicats, sauf demande expresse de leur part ;

Établir une plus grande souplesse dans les départs à la retraite, et ne pas hésiter à proposer aux plus aguerris de « rempiler », ne serait-ce que pour encadrer pendant un certain temps les nouveaux enseignants : l'expérience vient en enseignant, mais aussi en se frottant à l'expérience des autres. Les vrais formateurs des futurs enseignants, ce sont nos aînés, bien plus que les petits coqs prétentieux juchés sur le fumier didacticien.

Le CAPES et l'agrégation doivent être maintenus, avec des modalités bien spécifiques, et des destinations différentes. Mais si, comme on l'a souvent proposé, les certifiés sont plutôt destinés à enseigner en collège, et les agrégés en lycée, il faut tenir compte des différences entre ces deux types d'enseignement, et des disparités d'un établissement à l'autre. Enseigner dans certains collèges est devenu un combat permanent – et 18 heures dans certaines zones, cela frise le trop-plein, pendant que 15 heures dans un lycée de bonne tenue, ce n'est pas loin de la sinécure[16]. Sans vouloir remettre en cause la différence entre certifiés et agrégés, il faut que les établissements disposent d'une marge d'interprétation : on peut suggérer à un agrégé enseignant en milieu non hostile de prendre quelques heures supplémentaires, il serait recommandé de décharger un certifié luttant en zone hostile de deux ou trois heures, sans contrepartie salariale.

« Métier de fainéant », grincent les ignorants. Dix-huit heures par semaine (l'actuel horaire des certifiés) représentent, selon les calculs du ministère même, peu suspect de complaisance à ce niveau, un peu plus de 39 heures de travail *réel* par semaine. Les 35 heures de présence effective dans les établissements, hypothèse envisagée sans rire aussi

16. Il en est de même pour ce qui est du nombre d'élèves en classe. Quinze zouaves déchaînés, c'est souvent le maximum si l'on veut que le cours « passe » – au moins en partie. Quarante petits anges motivés, c'est l'ordinaire des « prépas » – on ne s'en plaint pas, sauf quand on corrige des copies. Demander uniformément 1,3 élève de moins par classe, c'est encore une fois une vision simpliste de l'égalité. C'est de l'égalitarisme au détriment de l'efficacité. Selon les établissements, selon les classes, un chef d'établissement doit pouvoir faire varier les effectifs. Et, là encore, apprécier le travail réel : tel enseignant qui, par la force des choses et de sa discipline, ne travaille qu'avec des groupes réduits, ne fait pas le même travail qu'un professeur parlant sans cesse devant des classes entières. Là encore, des équipes pédagogiques intelligentes devraient pouvoir admettre que tel travaille trop, et tel autre juste assez.

bien à droite qu'à gauche, sont une aimable plaisanterie lancée par des gens qui n'ont aucune idée du travail réel, en termes de préparation/correction/formation permanente. La réalité du métier suppose une grande souplesse de la part de ceux qui pensent les emplois du temps – voilà un vrai critère de qualité pour apprécier le travail des chefs d'établissement.

Chapitre 17
Laïcité

« Celui qui en entrant dans la société y porte des opinions que son éducation lui a données n'est plus un homme libre ; il est l'esclave de ses maîtres, et ses fers sont d'autant plus difficiles à rompre, que lui-même ne les sent pas, et qu'il croit obéir à sa raison, quand il ne fait que se soumettre à celle d'un autre. »

CONDORCET [1]

« La Constitution, en reconnaissant le droit qu'a chaque individu de choisir son culte, en établissant une entière égalité entre tous les habitants de la France, ne permet point d'admettre, dans l'instruction publique, un enseignement qui, en repoussant les enfants d'une partie des citoyens, détruirait l'égalité des avantages sociaux, et donnerait à des dogmes particuliers un avantage contraire à la liberté des opinions. »

CONDORCET [2]

---

1. *Premier Mémoire sur l'instruction publique*, 1791.
2. *Rapport et projet de décret relatifs à l'organisation générale de l'instruction publique*, 20 et 21 avril 1792.

D'aucuns contestent encore la loi du 15 mars 2004, qui interdit d'arborer à l'école les signes ostentatoires de ses croyances. À part pour une poignée de fanatiques qui cherchent par tous les moyens à alimenter le conflit des cultures dont nous menace Samuel Huntington, je crois sincèrement que les intentions de ces protestataires, de ces apôtres de la tolérance généralisée, sont pures – et néfastes.

« La tolérance, il y a des maisons pour ça ». C'était une boutade, et un contresens : la tolérance ne s'exerce pas en milieu fermé, mais dans la rue, dans l'espace civil où nous sommes sans cesse confrontés à ces *autres* qui ne pensent, ne dansent ou ne mangent pas comme nous, et que nous tolérons, quoi que nous en pensions, parce que leur liberté garantit la nôtre – et la République.

La tolérance est le fruit de la pensée laïque du politique, qui exclut de l'espace civil aussi bien la croyance (nos présidents de la République ou de tribunaux ne jurent pas sur la Bible) que l'incroyance érigée en dogme d'État. Chacun, en République, est libre de ses cultes et de ses opinions.

C'est sur cette évidence qu'à partir de l'affaire de Creil, en septembre 1989, se sont appuyés, avec ou sans arrière-pensées, les défenseurs de ces jeunes filles « décidées » (mais qui avait vraiment pris la décision ? demanderait Condorcet) à franchir voilées la porte de leur collège.

Je ne chercherai pas à faire la part, dans l'appel à la tolérance des défenseurs de ces fillettes, de l'idéologie (le « droit à la libre expression des élèves » inscrit dans la loi Jospin qui venait d'être votée en juillet de la même année), de la culpabilité post-coloniale ou de la bêtise. L'une des réactions (inévitables) à ce dévoiement du concept même de tolérance fut l'émergence, d'un côté, d'une « laïcité ouverte » qui faisait la part belle aux intégrismes les plus suspects, de l'autre d'un ultralaïcisme[3], intégrisme laïque tout aussi contaminé de bonnes intentions. La loi de 2004 est suffisante, si elle est appliquée[4].

Mais l'est-elle ? Combien de petites lâchetés sont commises journellement, au nom de la paix scolaire, dans les établissements « sensibles » – ou ailleurs ? Le « rapport Obin » sur les « signes et manifestations d'appartenance religieuse dans les établissements scolaires[5] » ne donnait pas au lecteur beaucoup de raisons d'être optimiste sur ce point.

---

3. J'emprunte une bonne part de ces analyses à Catherine Kintzler, dont je ne saurais trop recommander aussi bien les livres (son édition, avec Charles Coutel, des *Mémoires* de Condorcet sur l'éducation – Garnier-Flammarion –, ou, plus récemment, *Qu'est-ce que la laïcité ?* – Vrin, 2007) que les analyses en ligne sur son blog (http://www.mezetulle.net/).

4. Et il est inutile, comme nous allons le voir, de rouvrir le débat pour savoir si on peut l'élargir au domaine de la santé, par exemple.

5. Fort opportunément porté *in extenso* à la connaissance du public, avec une vingtaine de commentaires éclairants, par les

Les déclarations un peu rapides sur la « tradition judéo-chrétienne » de l'Europe en général et de la France en particulier, le fait d'envisager une « politique de civilisation », incitent également à une vigilance accrue.

L'application de la laïcité nous renvoie en fait à notre propre définition de l'école, qui n'est pas un lieu anodin. Ce n'est pas le lieu de l'exercice de la liberté (les élèves, pas plus que les enseignants, n'ont à y émettre des opinions ou à y faire du prosélytisme) : l'école est la fabrique de la liberté. Le caractère laïque de la Constitution garantit l'exercice des libertés individuelles, et l'individu est, à l'école, en voie de constitution. Après avoir noté que « les élèves sont pour la plupart des mineurs ou côtoient nécessairement des mineurs : leur jugement n'étant pas formé, comment pourraient-ils jouir d'une liberté dont ils ne sont pas les auteurs ? », Catherine Kintzler ajoute : « Les élèves présents à l'école ne sont pas des libertés constituées (comme c'est le cas des citoyens dans l'espace civil), mais des libertés en voie de constitution [6]. »

Rien d'étonnant à ce qu'*instituer* et *constituer* aient le même radical, cette racine *-st-* qui, en latin,

---

éditions Max Milo sous le titre *L'École face à l'obscurantisme religieux* (2006).

6. Catherine Kintzler, *op. cit.*, p. 55.

signifie « se tenir debout » : l'*instituteur* apprend à l'enfant à se tenir *droit* (moralement – mais c'est aussi primordial, à mes yeux, que l'anthropoïde de Roy Lewis [7] obligeant ses enfants à ne plus marcher à quatre pattes), et à se *constituer*, étant entendu qu'il arrive encore informe, englué dans un magma d'idées qui ne sont en rien les siennes – sans autre liberté, en classe, que le devoir d'apprendre, afin de penser enfin, un jour, par lui-même.

Cette restriction fondamentale sur la « liberté d'expression », dans cette serre chaude, ce bouillon de culture(s) qu'est l'école, s'applique bien entendu à l'enseignant comme à l'élève. Celui-ci parce qu'il n'a pas encore les moyens d'avoir une opinion, celui-là parce que sa neutralité est la condition nécessaire de l'éveil à la liberté de penser de l'élève.

Jules Ferry ne disait pas autre chose lorsqu'il écrivait aux instituteurs dans sa circulaire du 17 novembre 1883 : « Vous êtes l'auxiliaire et à certains égards le suppléant du père de famille. Parlez donc à son enfant comme vous voudriez que l'on parlât au vôtre ; avec force et autorité, toutes les fois qu'il s'agit d'une vérité incontestée, d'un précepte de morale commune ; avec la plus grande réserve, dès que vous risquez d'effleurer un sentiment religieux dont vous n'êtes pas juge. Si parfois

7. Voir l'hilarant petit livre de Roy Lewis, *Pourquoi j'ai mangé mon père*, paru en Angleterre en 1960, et en France trente ans plus tard, chez Actes Sud.

vous étiez embarrassé pour savoir jusqu'où il vous est permis d'aller dans votre enseignement moral, voici une règle pratique à laquelle vous pourrez vous tenir : avant de proposer à vos élèves un précepte ou une maxime quelconque, demandez-vous s'il se trouve, à votre connaissance, un seul honnête homme qui puisse être froissé de ce que vous allez dire. Demandez-vous si un père de famille, je dis un seul, présent à votre classe et vous écoutant, pourrait de bonne foi refuser son assentiment à ce qu'il vous entendrait dire. Si oui, abstenez-vous de le dire ; si non, parlez hardiment, car ce que vous allez communiquer à l'enfant, ce n'est pas votre propre sagesse, c'est la sagesse du genre humain… »

Je ne voudrais pas à mon tour décontextualiser une citation si fortement empreinte de son époque. Les « hussards noirs » de la IIIe République commençante devaient présenter une alternative crédible à un enseignement alors majoritairement confessionnel. Et ils ne pouvaient le faire en opposant un missel républicain, un quelconque catéchisme de l'athée à celui de leurs concurrents, mais en proposant, à rebours de ce que faisait l'Église, une neutralité bienveillante, une ouverture d'esprit qui laisse place au doute et à l'erreur, face à la dictature de la croyance. La République est, ou devrait être, un système ouvert – mais ferme sur les prix et les principes, s'opposant par nature à toutes les idéologies de la certitude.

À commencer par les certitudes des élèves. Ferdinand Buisson disait déjà des élèves non encore ouverts à l'esprit critique : « Ils ne bronchent pas ; ils louent, ou ils blâment tout d'un trait [...], avec la superbe assurance de celui qui ne sait rien et qui croit tout[8]. »

Le savoir, parce qu'il est mouvement perpétuel, parce qu'il est anti-dogme et anti-dogmatisme[9], est le seul remède aux certitudes aliénantes et aux crises de foi.

Et cette fonction à proprement parler libérale de l'école est la justification dernière de cette année de philosophie en fin de cursus, qui nous différencie du reste du monde[10]. La philosophie telle qu'elle peut s'enseigner à des élèves est l'aboutissement enfin théorisé de ces années d'études passées à apprendre la fonction critique. Et tous les élèves devraient y avoir droit, y compris dans les lycées professionnels, d'une manière ou d'une autre.

---

8. Article « Neutralité scolaire » du *Nouveau Dictionnaire de pédagogie*, 1911.

9. D'où l'insurrection, en janvier de cette année, des étudiants de la faculté italienne de la Sapienza, à l'idée que le pape, successeur de ceux qui ont fait brûler Giordano Bruno et condamné Galilée, puisse s'inviter dans leur université.

10. Et que d'aucuns, que toute singularité offusque, voudraient supprimer, invoquant l'exemple de tous les pays d'Europe. Et alors ? Cela me rappelle une publicité pour un disque d'Elvis Presley : « *1,5 billion can't be wrong* » – comme si le conformisme était en soi une valeur, et un argument de vente.

Au-delà des principes premiers, axiomes d'Euclide ou règles de Vaugelas, l'enseignement doit sans cesse tendre au doute, à l'esprit d'examen. Le Moi ne se forme pas sur des certitudes, mais sur un questionnement ininterrompu. Si un problème se pose, disent avec raison les philosophes, c'est qu'il n'y a pas de réponse – pas de réponse simple, en tout cas. La classe de philosophie, au terminus de la formation, est, comme l'École dans son ensemble, non une tribune d'opinions, mais l'examen de toute opinion. En l'occurrence, Cioran est plus grand philosophe que Tariq Ramadam – ou n'importe lequel des béni-oui-oui de la mode, de la tendance ou de la superstition.

Prenez Comte-Sponville, par exemple. Dans une récente interview[11], il « analyse » à sa manière la loi de 2004 : « Voilà quelque temps, l'affaire du port du voile à l'école reposait sur cet argument : il ne faut pas porter de signe religieux ostentatoire à l'école parce que c'est un lieu laïque. Que l'école soit laïque est une excellente chose ; mais peut-on exiger que les enfants le soient ? N'ont-ils pas, par définition, le droit de croire en Dieu ou d'être athée ? J'ai horreur du voile islamique : j'y vois un symbole d'oppression féminine. Tant mieux si la loi aide à le combattre. Mais cela relève-t-il de la laïcité ? C'est l'école qui est gratuite, laïque et obligatoire, pas les enfants. »

11. In *Le Figaro*, 5 février 2008.

Rhétorique absurde (les enfants sont-ils « gratuits et obligatoires » ?), creuse (quel droit ont les enfants « par définition » ?) et dangereuse : croire est sans doute une question de choix, et l'école est justement là pour donner les moyens de ce choix, qu'aucun enfant n'a *a priori*, parce qu'il est justement un enfant.

Corollaire obligé de cette laïcité si républicaine : vous pouvez, hors école, adorer Dieu, le roi ou Public Enemy. Contrairement à ce qu'affirme un peu vite un dicton qui, pris au pied de la lettre, anéantirait la faculté d'agir et de penser, ma liberté ne s'arrête pas où commence celle d'un autre : elle s'y juxtapose. Et c'est bien l'un des buts de l'École que d'apprendre cela aux élèves. Pas question donc de les autoriser, ou de s'autoriser, à heurter de front la liberté des autres. Le prosélytisme est non seulement viol de conscience, mais lorsqu'il cherche à s'introduire dans des consciences en formation, il est viol tout court.

Il en va tout autrement à l'université, tout entière dévolue au libre-arbitre – celui des cursus comme celui de l'opinion. Depuis toujours les positions les plus extrémistes s'y confrontent, et se confrontent aussi au *meden agan*, à la modération ou au je-m'en-foutisme.

Ou au rire.

Appliquer scrupuleusement la loi de 2004, et veiller à ce qu'elle soit appliquée. Un chef d'établissement complaisant n'a pas sa place dans l'Éducation nationale.

Généraliser l'initiation à la philosophie. Il est curieux que les élèves de LP en soient privés. Au-delà d'un souci d'économie, j'y lirais volontiers un mépris étrange, ou une volonté pernicieuse d'élagage mental, comme si certaines catégories d'élèves ou de futurs travailleurs n'avaient droit qu'à une initiation bon marché à la liberté de penser – Florent Pagny plutôt que Locke, Bayle ou Condorcet.

Revitaliser l'enseignement du fait religieux, à, partir de la sixième, non en lui déléguant un horaire spécifique, mais en refaisant des professeurs d'histoire et de littérature (et d'arts plastiques, souvent) les porteurs de Lumières qu'ils n'auraient jamais dû cesser d'être. Les professeurs de philosophie ont, en bout de formation, un rôle non moins éminent à jouer.

Oser un vrai débat national sur la tentation de réécrire la loi de 1905 : le statut actuel de l'Alsace, qui vit toujours sous le régime d'un concordat, n'est pas un modèle, mais une exception. Quant aux affirmations un peu rapides sur les fondements judéo-chrétiens de la « fille aînée de l'Église », une instruction solide, qui montrera combien l'héritage gréco-latino-arabe est puissant en France, suffira à les nuancer. Inutile d'invoquer Renan et sa « prière sur l'Acropole » : nous sommes tout autant enfants d'Aphrodite que de la Vierge.

Désir d'école

Amener chaque élève au plus haut de ses capacités : je ne vois pas d'ambition plus haute. Pour cela, il faut combiner une garantie commune du droit à l'instruction, des exigences égales pour tous, et être attentif à la différence de chacun – donner à manger à tous, mais en donner davantage à ceux qui en veulent plus. Le nivellement par le bas n'est pas le bon moyen de reconstituer les élites républicaines dont nous avons besoin.

Je rêve d'une nouvelle aristocratie, assise sur les droits de l'esprit, et non ceux de la naissance ou de la fortune. Et ce, à tous les niveaux : on peut être un aristocrate du bâtiment comme on peut l'être de la philosophie ou de l'économie.

Nous n'avons plus les moyens de nous priver de nos propres talents. Il fut un temps, pas si lointain, où le diplômé français s'exportait avec facilité. Nous en sommes aujourd'hui à recruter à l'étranger les cadres qui nous font défaut. Vous ne trouvez pas d'ingénieurs ? Allez voir en Inde ou à Singapour ! Vous manquez de techniciens ? Prenez-les en Corée ou en Indonésie. Des cadres commerciaux ? Demandez à Hong Kong…

Nous avons les talents, et nous les laissons en friche. Le système éducatif que nous avons regardé se pervertir durant deux décennies ne fournit plus, parce qu'il ne forme plus. Il abandonne à la marge bon nombre d'enfants méritants, que l'on prétend consoler en les autorisant à constituer l'économie marginale de la racaille [1].

L'imagination doit revenir au pouvoir, loin des pesanteurs administratives, des ankyloses de la « techno-structure ». Imaginer ce que sera demain la formation des maîtres, quelle profondeur de savoirs est nécessaire à la transmission d'une partie de ces connaissances, comprendre que les technologies du futur, dont nous n'avons pas la moindre idée, demanderont non des techniciens entraînés aux technologies d'hier, mais des esprits ouverts, curieux, adaptables – en un mot, cultivés sans être momifiés dans une culture.

En fait, nous avons deux chemins à parcourir en même temps pour rénover l'école. D'un côté,

1. Voir sur le sujet l'admirable livre de Jean-Claude Michéa, *L'Enseignement de l'ignorance*, Climats, 1997.

rationaliser ce qui a été gâché ces dernières années par trop de passions idéologiques. Un enseignant peut parler avec un industriel, un universitaire peut chercher des financements ailleurs que dans les caisses de l'État sans déroger – après tout, ses confrères étrangers le font depuis des lustres. De l'autre, redonner aux élèves le goût, la passion, la volupté d'apprendre, et de savoir.

Rien d'offensant dans de telles hypothèses. Il nous faut d'urgence en finir avec les tabous.

Tabou : si tous les élèves ont droit au plus, et au mieux, tous ne peuvent pas le plus, ni le mieux. Ce n'est pas pour autant que nous les laisserons en chemin : mais il faut inventer des voies nouvelles, qu'ils parcourront si nous leur avons donné des bases solides.

Tabou : tant que la formation des maîtres dépendra des lubies constructivistes et non de l'enseignement sérieux d'universitaires compétents, les enseignants novices n'arriveront pas armés, à leur premier cours, de tout l'arsenal dont ils pourraient avoir besoin. De la même façon que le pédagogisme a outré les différences de départ entre élèves, il caricature les différences de culture entre enseignants.

Tabou : on va à l'école pour s'instruire, non pour s'éduquer au code de la route, au développement durable ou à la diététique. Nous avons assez perdu de temps – le nôtre et celui des élèves.

Tabou : les « sorties pédagogiques » ne sont souvent qu'un alibi pour ne pas faire cours – et l'occasion de désorganiser un emploi du temps qui aurait bien besoin de rester immuable, afin de fournir un cadre constant : un emploi du temps flottant engendre une attention éparpillée. Il y a urgence, et nous devons travailler, et travailler encore – dans l'urgence.

Tabou – auquel Bercy croit dur comme fer : les enseignants sont trop nombreux, et on peut rogner sur le remplacement des retraités, rogner sur le nombre d'heures par matière, rogner, rogner encore… Eh bien non, on ne peut plus réellement diminuer le nombre d'heures de cours des élèves, on ne peut pas indéfiniment élever le nombre d'enfants par classe. Mais on peut optimiser les cours, en réécrivant les programmes, en supprimant une foule d'options qui n'apportent rien de bien net, en utilisant les talents en place au lieu de les ignorer. Là sont les vraies économies de longue durée.

Tabou : le bac peut être allégé, et décalé vers la fin juin, le jour où toutes les formations supérieures seront libres, comme les BTS ou les classes prépas, de pré-recruter sur dossier.

Tabou : un ministre « de droite » (comme si le mot avait un sens dans l'Éducation ! Comme si l'École n'était pas la maison commune !) peut faire mieux qu'un ministre de gauche. Il est même capable de séduire un corps enseignant qui reste majoritairement à gauche. Il se pourrait même qu'il arrive à leur redonner une part du lustre effacé par des années de prolétarisation du plus beau métier du monde. Chiche !

Tabou : ce n'est pas d'augmentations de salaires dont nous avons le plus rapidement besoin – sauf les débutants, parce qu'il leur revient la part la plus ingrate, et qu'il faut bien que ce métier, et à très court terme, attire plus de gens de valeur. C'est d'une réévaluation qualitative. C'est d'une nouvelle considération. C'est de programmes, de finalités nouvelles, dont nous avons besoin pour tenir les classes, et transmettre, transmettre encore. Nous sommes des passeurs de culture, quelle que soit notre spécialité.

Les propositions contenues dans ce livre ne sont pas des provocations. La plupart du temps, elles sont déjà essayées, ici ou là, en catimini ou à l'abri d'une autorisation très spéciale. On a déjà des classes de CP où tous les enfants savent lire, écrire, compter et calculer au bout du premier trimestre, ou peu s'en faut. Les parents doivent le savoir – et peser sur leurs propres confédérations afin qu'elles servent enfin à quelque chose d'utile, et pas seulement à légitimer l'emploi de portables par des gamins de dix ans, qui n'en ont que faire, ou de quinze, qui en usent pour filmer des comportements assez peu scolaires.

Et mon plus grand bonheur serait que ces propositions engendrent d'autres suggestions, plus intelligentes ou plus iconoclastes – et plus fécondes. Je ne suis qu'un passeur, moi aussi, semeur d'idées qui, pour parodier Zola, « germent lentement dans les sillons, grandissant pour les récoltes du siècle futur, et dont la germination va faire bientôt éclater la terre » – ou le ministère.

Annexes

DES PROGRAMMES POUR LA MATERNELLE

Ce qui suit est un essai de programmes réels de maternelle, dont je peux certifier qu'ils sont appliqués dans certaines écoles, et dont je souhaite fort qu'ils inspirent les programmes à venir. On peut les souhaiter plus précis, mais je préfère encore laisser une marge d'interprétation à chacun. Il est donc peu probable que dans la maternelle idéale dont sont ici tracés les contours, on identifiera chaque objet par une étiquette : disons clairement une fois pour toutes que la lecture procède de l'apprentissage du code, et que le sens découle de cet apprentissage – et non l'inverse.

Je me suis appuyé, pour rédiger ces propositions, sur l'expérience d'instituteurs chevronnés, spécialistes des maternelles et du CP – la clé de l'édifice primaire étant bien évidemment une réfection des « cycles », dont on ne peut imaginer qu'on les laisse en l'état.

En fait, il faudrait redistribuer l'enseignement en primaire en cycle de deux ans : une maternelle proprement dite entre trois et cinq ans (actuelles PS et MS), un cycle d'apprentissages – lecture/écriture/calcul (GS/CP), puis les cycles successifs de consolidation (CE1/CE2), et d'approfondissement (CM1/CM2 – la spécificité de ce dernier cycle étant la préparation du collège). Chaque année doit avoir un programme précis, conçu selon une progression concertée, chaque cycle des objectifs à réaliser – le respect des programmes assurant la réalisation des objectifs. Il est ainsi urgent de proclamer que l'apprentissage de la lecture, de l'écriture et du calcul commence en GS et se poursuit en CP – en laissant aux enseignants toute liberté pédagogique, dans le respect des objectifs (voir le chapitre IV).

« Postées » sur mon blog (http://bonnet-dane.midiblogs.com) depuis deux mois, ces propositions ont été amendées en fonction de centaines de remarques apportées par les intervenants – je ne prétends pas être autre chose que le scribe des suggestions de la communauté enseignante et de tous ceux, parents, retraités, ou étudiants, qui ont choisi de se colleter aux problèmes de l'école.

Le maître mot de ces propositions est la *progression*. On pourrait souhaiter un programme encore plus précis, mais je préfère laisser une marge d'interprétation à chacun. Les maternelles (il est important de mettre désormais le mot au pluriel) doivent à la fois donner forme à « Monchéri-Moncœur », et le préparer à ce qui suit. Il est donc peu probable que dans la maternelle (idéale ? Mais nombre de maîtres ont anticipé les suggestions ici rassemblées) dont sont ici tracés les contours, on identifiera chaque objet par une étiquette : disons clairement une fois pour toutes que la lecture procède de l'apprentissage du code, et que le sens découle de cet apprentissage – et non l'inverse [1].

1. Orientation générale

L'école maternelle a pour but de donner aux enfants de deux à six ans [2] les soins que réclame leur développement physique, intellectuel et moral, et de les préparer à recevoir les enseignements prévus dans les programmes de l'école élémentaire.

1. Évidemment, il n'est point de règle intangible : tel instituteur de génie fera passer l'écriture/lecture comme il l'entend. Mais qui peut se targuer d'avoir du génie ? C'est surtout aux débutants que l'on pense, ceux qui ont le plus besoin de suggestions et de garde-fous.

2. On peut bien évidemment discuter de l'âge idéal pour commencer la maternelle. J'ai juste pris l'hypothèse d'une municipalité qui scolariserait les enfants dès lors qu'ils sont « propres », comme cela se fait souvent. Mais de nombreux pédopsychiatres estiment qu'une scolarisation trop précoce peut nuire au bon développement de l'enfant.

La maternelle est chargée de faciliter le passage de la famille ou du mode de garde choisi par celle-ci à la « grande » école. Elle initie au travail et à la régularité, au respect des règles, tout en conservant un mode de fonctionnement et des programmes compatibles avec le jeune âge de ses élèves.

En conséquence, les instituteurs devront se préoccuper de permettre à leurs élèves d'accéder à l'école élémentaire en pleine possession de leurs facultés motrices et intellectuelles et être capables de mobiliser ces compétences au sein d'activités dirigées.

Comme on ne se propose pas dans les écoles maternelles de former ou d'exercer une capacité au détriment des autres, mais de les développer toutes harmonieusement, on ne peut préconiser aucune méthode basée sur un système exclusif et artificiel. Les instituteurs s'appliqueront au contraire à former, à l'aide des différentes méthodes qu'ils auront eu l'occasion de voir développer au cours de leur formation, tous les exercices qui répondront aux besoins du petit enfant et qui mettront en jeu toutes ses facultés.

Les exercices que proposera le maître ou la maîtresse seront variés : la découverte du monde, le langage, le chant, les premiers essais d'arts visuels, de lecture, de calcul, de récitation partageront le temps avec les exercices corporels et les jeux sensoriels de toutes sortes. On appliquera une méthode essentiellement naturelle, familière, toujours ouverte aux découvertes scientifiques, toujours susceptible de se compléter et de se réformer dans le sens d'une meilleure intégration des élèves à la suite de leur scolarité. Des entrevues entre enseignants de maternelle et des premières classes du primaire seront organisées afin que méthodes et contenus des deux écoles soient harmonisés.

Sachant à quel point, à cet âge, tout acquis est fragile et sujet à fluctuations, et combien les progrès dans un domaine mobilisent temporairement l'attention de l'enfant, allant parfois jusqu'à provoquer des régressions dans d'autres, l'évaluation des progrès de l'enfant restera globale. L'instituteur s'attachera à solliciter ses élèves dans tous les domaines, sans fatigue, sans trop de contraintes, sans excès d'application. Il veillera à leur donner toutes les aides et toutes les informations nécessaires pour que leur intérêt, leur joie d'apprendre, leur goût du travail et de l'effort ne s'altèrent pas.

Il découle de ce qui précède qu'il s'agit d'un métier tout à fait à part, nécessitant une formation spécifique : un maître de petite section de maternelle n'est pas un moniteur de sieste, comme je l'ai vu trop souvent. Ce n'est pas un puériculteur – même si certains savoirs de puériculture peuvent faire partie de son bagage. Et la formation ne peut se contenter d'être essentiellement théorique, mais doit s'ancrer dans l'expérience – à commencer par l'expérience des autres. C'est vrai de tous les maîtres, à tous niveaux, et c'est primordial en maternelle.

I. Petite section (enfants de deux à quatre ans)

a) Vivre ensemble

Les enfants, encore très jeunes, ne pouvant encore profiter de l'expérience commune et ayant beaucoup de difficultés à se décentrer de leur expérience personnelle, il est un peu vain à cet âge de provoquer des débats visant à faire émerger des règles de vie collectives. C'est à l'adulte (PE et ATSEM) de leur faire prendre des habitudes compatibles avec la vie en société. Celui-ci s'attachera à ne tolérer aucun acte qui pourrait s'apparenter à de la violence – y compris verbale – et encouragera la prise en compte des autres enfants comme des égaux ayant droit aux mêmes égards que l'enfant lui-même.

– Causeries très simples, mêlées à tous les exercices de la classe et de la récréation, dès les premiers jours de classe, lors de chaque activité, puis en cours d'année, lors de chaque problème, le plus souvent adressé à un enfant ou un petit groupe d'enfants en particulier.

– Suivi tout particulier à l'égard des enfants n'ayant pas encore intégré les premières règles de la vie en collectivité, en les aidant, grâce aux capacités d'anticipation de l'adulte, à gérer leur individualité au sein d'un groupe dans le respect du bien-être de chacun.

b) Langage

La disparité des capacités langagières des élèves de cette section pourra décontenancer l'instituteur et le conduire à considérer que tel ou tel enfant n'a pas encore sa place dans une structure de type « scolaire ». Il devra néanmoins se rappeler que les enfants de moins de quatre ans progressent selon des rythmes personnels très divers et qu'il peut s'attendre tout au long de l'année (ou des deux années) à voir progresser à pas de géant tel enfant qui stagnait depuis des semaines et à voir s'arrêter ou même régresser tel autre qui est en train d'investir un autre domaine de compétences. Son rôle sera donc de proposer à tous un langage et des domaines d'exploration riches et variés :

– Exercices de prononciation, comptines, formulettes. L'enseignant aura reçu au cours de sa formation toutes les informations nécessaires sur l'appareil phonatoire et sera capable de distinguer facilement les troubles qui relèvent de sa compétence et ceux qui devront nécessairement être confiés à un personnel plus qualifié (rééducateur, orthophoniste[3]).

– Exercices en vue d'augmenter le vocabulaire de l'enfant (voir « Découverte du monde ») ;

3. En fait, il est souhaitable qu'une détection des problèmes ait lieu bien avant l'entrée à l'école. Mais en attendant, c'est souvent à l'instituteur que revient la détection de troubles de la vue ou de l'ouïe.

premiers exercices de mémorisation : chants, comptines, récits et contes lus ou racontés quotidiennement ; questions et réponses.

c) Découverte du monde (leçons de choses, connaissance des objets usuels, premières notions d'histoire, de géographie)

Ces exercices, nombreux et variés, partiront toujours d'objets mis sous les yeux et dans les mains des enfants. Ils donneront lieu à des causeries à bâtons rompus où l'instituteur s'attachera à solliciter l'intérêt et la participation de chacun, évitant au maximum le monopole de la parole par les enfants les plus à l'aise. Au besoin, il constituera dans sa classe des groupes de niveau et confiera provisoirement l'un des groupes à l'ATSEM qui mènera alors une activité de jeu qu'il aura programmée lui-même afin de pouvoir travailler au plus près des besoins de ses élèves (dans les écoles à plusieurs classes, ces moments de langage autour d'un phénomène à découvrir pourront faire l'objet d'une programmation commune et les enfants seront alors répartis pour ce moment en groupes de besoins).

On traitera au cours de l'année scolaire les points suivants (ces notions seront reprises et élargies en moyenne section) :

– Nom des principales parties du corps humain ; des principaux animaux sauvages et domestiques ;

des plantes servant à l'alimentation ou les plus visibles pour l'enfant (arbres de la cour, de la rue, fleurs familières, etc.).

– Nom et usage des objets qui sont sous les yeux de l'enfant (objets servant au vêtement, à l'habitation, à l'alimentation, au travail scolaire).

– Étude des couleurs et des formes par des jeux.

– Notions de jour et de nuit.

– Âge de l'enfant, anniversaires, la fratrie, la famille.

– Le chaud, le froid, la pluie, le beau temps, la neige, la glace.

– Éducation sensorielle : discerner des couleurs, des formes, des longueurs, des sons, des odeurs, des saveurs.

– Demeure et adresse de l'enfant, nom de la commune, situation relative des différentes parties de l'école, petits exercices sur la distance (moins loin, plus loin) et le temps (hier, aujourd'hui, demain).

d) Dessin, lecture, écriture, exercices manuels

Les exercices prématurés de lecture ou d'écriture risquant de provoquer chez les élèves les plus fragiles un dégoût durable, l'enseignant restera très modeste dans ce domaine jusqu'à la fin de la petite section. Son travail dans ce domaine se bornera donc à faire découvrir et apprécier les livres et ce qu'ils contiennent à ses petits élèves. Les prénoms inscrits sur les casiers, cahiers ou classeurs ainsi que sur le portemanteau de chacun ne donneront lieu à aucun exercice de reconnaissance ou de copie. Ils seront là uniquement pour la commodité des usagers-lecteurs (adultes de l'école, parents).

Les activités de dessin seront quotidiennes et on encouragera chaque enfant à « raconter son dessin » au maître qui transcrira ses paroles sur la feuille du dessin. Ces dessins seront collectés dans un cahier ou un classeur qui suivra l'enfant tout au long de l'année scolaire. Les capacités motrices fines de cet âge étant encore très limitées, on ne proposera pas à l'enfant de copie de modèle, de thème de travail, d'exercices de graphisme.

En revanche, de nombreuses activités manuelles seront programmées chaque jour : peinture, modelage, déchiquetage puis découpage, collage ou enfilage de petits éléments. Ces activités, très libres, ne viseront pas à obtenir un contenu esthétique souvent plus valorisant pour l'enseignant que pour l'enfant lui-même ou l'acquisition de techniques d'arts visuels issues de l'art contemporain et plaquées sur un projet conçu par des adultes pour des adultes. Elles seront proposées à l'enfant uniquement dans le but d'exercer sa motricité fine, de découvrir et d'entraîner sa discrimination visuelle, de l'encourager à mener à bien une tâche simple. L'enseignant se bornera donc à offrir un matériel riche et varié, à installer un goût de bien faire et quelques petites habitudes de soin, d'effort et de précision.

Le maître donnera quotidiennement à voir à ses élèves un comportement de lecteur et scripteur expert. Il écrira sur les dessins produits un texte grammaticalement correct et encouragera chaque progrès de l'enfant en valorisant toute production graphique nouvelle (petits ronds, pointillés, hachures, etc.) et toute représentation du réel plus conforme à la réalité que les précédentes (bonhomme, animal, véhicule, objets, etc.).

Chaque jour, il regroupera ses élèves autour d'un livre pour enfants. Il commencera par des imagiers très simples de façon à ne pas écarter dès le départ ceux de ses élèves qui n'ont eu hors de l'école aucun contact avec les livres. Petit à petit, tout au long des deux années de la petite section, il proposera des livres plus longs, aux textes plus fournis, en prenant garde toutefois de cibler tous ses élèves. Sa lecture sera interrompue de nombreuses questions, il donnera à voir les détails de l'image, se fera expliquer chaque phrase, reformulera en français plus élaboré les essais de langage de ses tout-petits.

Les élèves étant encore trop jeunes, il n'essaiera pas de les faire écrire. Tout au plus pourra-t-il proposer à chaque enfant de reproduire un graphisme déjà produit et il les encouragera à automatiser le geste qui leur a permis ce graphisme. En revanche, il travaillera les compétences à la copie de modèles orientés grâce à des jeux à base de petit matériel (bâtonnets, jetons, cerceaux, balles, etc.).

e) Calcul

Les exercices proposés feront systématiquement appel au jeu et ne feront l'objet d'aucune évaluation. Les chiffres ne seront pas proposés à la copie et le maître s'attachera à ce que l'enfant considère le nombre à la fois sous son aspect cardinal et sous son aspect ordinal.

– Le nombre : quantités de 1 à 5, ajouts, retraits, partages. Associer chiffre, collection concrète, doigts de la main.

– La comptine numérique : de 1 à 5, premier, deuxième, troisième, dernier.

f) Musique

L'instituteur aura, au cours de sa formation, reçu une instruction complète sur les capacités vocales et rythmiques d'un enfant de deux à onze ans. Il sera donc capable de concevoir un répertoire adapté à la tessiture et aux capacités d'articulation et de vitesse d'élocution de ses élèves. Il s'attachera à ce que tous ses élèves participent, allégeant au besoin ses ambitions. Les musiques proposées à l'écoute et à l'expression corporelle seront choisies de la même façon et respecteront une progression élaborée allant du simple au complexe.

– Comptines et chants du répertoire traditionnel ou contemporain, jeux de nourrice.
– Exercices portant sur le rythme (rythme corporel, rythme frappé, petites percussions).
– Exercices d'écoute en lien avec la progression d'EPS (expression corporelle).

g) Éducation motrice

Selon le milieu familial, l'enfant de deux à trois ans qui entre à l'école maternelle a ou n'a pas eu l'occasion d'exercer sa motricité large et fine. L'instituteur devra en tenir compte et proposer à tous ses élèves une progression qui leur permettra d'avancer et de s'approcher de la norme. Il aura pour cela reçu au cours de sa formation tous les éléments nécessaires à une bonne connaissance des capacités physiques et motrices de l'enfant. On s'attachera à ce que les actions, d'abord libres et menées par le simple désir d'agir, soient de plus en plus voulues et organisées, graduellement plus élaborées et articulées entre elles.
– Jeux libres avec ou sans matériel (balles, ballons, cerceaux, anneaux, rubans, etc.), premières copies du jeu de l'enseignant ou d'un camarade (lancer et rattraper, faire rouler, rebondir, etc.).
– Expression corporelle, rondes, jeux dansés (voir « Musique »).
– Évolutions (marche, course, saut, ramper, grimper, quadrupédie, etc.) avec ou sans obstacles.

– Exercices d'équilibre (rouler, glisser, évoluer sur la poutre, etc.).

II. Moyenne section (enfants de quatre à cinq ans)

a) Vivre ensemble

La plupart des enfants ayant déjà fréquenté l'école maternelle pendant une à deux années scolaires, ils devront avoir intégré les habitudes d'une vie en collectivité harmonieuse. Il se pourra néanmoins que l'instituteur ait besoin de reprendre les programmes et méthodes de la classe de petite section pour permettre à chacun de progresser dans sa compréhension des règles de vie.

Certains contes, chants et poèmes du répertoire traditionnel ou contemporain seront lus et commentés afin de faire émerger l'universalité des règles de vie appliquées à l'école. Ils seront suivis de questions propres à en faire ressortir le sens et à vérifier si les enfants l'ont compris.

Les causeries, très individualisées en petite section, deviendront plus collectives. On commencera à habituer les enfants à en référer à l'adulte lors des conflits afin que l'harmonie règne et que chacun se sente en sécurité au sein de règles communes applicables à tous.

b) Langage

Certains troubles de prononciation peuvent persister tout au long de la classe de moyenne section. Les enseignants, formés à détecter et traiter les plus simples de ces troubles, mettront tout en œuvre pour que ces difficultés cèdent avant l'arrivée en grande section. Toutes les facilités lui seront données pour le signalement des cas plus lourds et il aura à sa disposition une procédure simple pour encourager la famille à prendre en charge le traitement rapidement. La classe des moyens est la classe idéale pour ouvrir l'ouïe de chaque enfant et le préparer à une articulation correcte et précise qui facilitera grandement les premières bases de l'apprentissage de la lecture alphabétique.

– Exercices de prononciation, d'écoute fine. Premiers exercices progressifs de conscience phonémique (oral uniquement).

– Enrichissement « exponentiel » du vocabulaire : toutes les activités de la classe engageront l'enfant à apprendre chaque jour des mots nouveaux et à les réinvestir régulièrement.

– Récitation de chants, de comptines, de poèmes.

– Lecture de contes, récits, documentaires par le maître. Celui-ci s'attachera à encourager l'écoute, la reformulation, l'anticipation des enfants. Le répertoire sera riche et varié et les méthodes employées viseront à ne jamais laisser l'intérêt de l'enfant s'étioler et à ne pas lui demander de s'intéresser à une éventuelle compétence de lecteur expert (lecture de mots, de phrases, production d'écrits personnels).

– Entraînement régulier à la dictée à l'adulte lors des activités quotidiennes de dessin (libre, résumant un conte lu en classe, le déroulement d'un événement vécu par l'enfant). Le maître s'attachera tout particulièrement, lors de cette activité, à proposer à l'enfant un modèle de langage oral élaboré et n'hésitera pas à modifier la forme des propos dictés en lui expliquant les manques de ses propos (négations, utilisation des temps et modes de conjugaison, connexions logiques, adjonctions de compléments circonstanciels, structure du récit). Cette dictée à l'adulte ne fera en aucun cas appel à une éventuelle reformulation de l'écrit par l'enfant qui risquerait alors de prendre sa récitation pour de la lecture.

c) Découverte du monde (leçons de choses, connaissance des objets usuels, premières notions d'histoire, de géographie)

Le travail entrepris en petite section sera repris et complété, toujours à partir d'objets réels. Si la nécessité s'en fait sentir, les groupes de besoins seront à nouveau constitués, les membres du RASED pouvant le cas échéant compléter les enseignants de l'école pour les cas les plus difficiles.

On ajoutera aux exercices vus en petite section et repris pour approfondissements en moyenne section :

– Observations sur la durée (heure, jour, semaine).

– Le nom du jour, de la veille et du lendemain.

– Observations sur la saison, ses travaux, ses productions.

– Éducation sensorielle : comparer des couleurs, faire discerner et comparer des nuances, des masses, des températures, des textures.

– La terre et l'eau.

– Le soleil : sa course apparente dans le ciel, le levant et le couchant.

d) Dessin, lecture, écriture, exercices manuels

C'est bien sûr par le dessin que l'élève de moyenne section pourra continuer à s'exprimer. L'agilité manuelle des enfants permettra maintenant au maître de programmer les premiers exercices de graphisme préparatoire à l'écriture liée. Certains élèves, plus âgés ou plus précoces que leurs camarades, commenceront au cours de l'année à s'intéresser aux lettres et aux symboles en général. Cet intérêt ne sera surtout pas découragé. En revanche, on n'exigera pas que l'ensemble des élèves l'éprouve. L'essentiel de la préparation à la lecture se situera au niveau de la prononciation, de l'écoute pour aboutir au mieux à la conscience phonémique.

Les activités de dessin seront quotidiennes et on encouragera chaque enfant à « raconter son dessin » au maître qui transcrira ses paroles sur la feuille du dessin. Ces dessins seront collectés dans un cahier ou un classeur qui suivra l'enfant tout au long de l'année scolaire. Selon les capacités motrices de ses élèves, le maître les encouragera à enrichir leurs productions, à établir des liens entre les différents éléments, à organiser l'espace de leur feuille de manière de plus en plus conventionnelle ; c'est par ces dessins, encore le plus souvent libres, qu'il pourra évaluer sans contrôle formel les acquis au niveau de l'organisation de l'espace, du schéma corporel, l'aisance psychomotrice et, lors de la dictée à l'adulte, la richesse du vocabulaire et la conformité syntaxique du discours. Les premiers dessins d'observation (leçons de choses) et de comptes rendus (résumés de contes, d'activités) seront demandés aux élèves au cours de l'année scolaire. Les dictées à l'adulte pourront alors devenir collectives (groupe-classe ou petits groupes de besoins).

Les activités manuelles resteront encore l'un des points centraux de la journée de classe. Aux activités prévues en petite section, on ajoutera toute activité nécessitant une motricité fine déliée et une précision accrue (laçages, couture, tissages, etc.). La copie de modèle sera évitée au maximum, le soin, la précision et l'effort pour mener à terme son travail seront encouragés.

Des exercices progressifs de graphisme préparatoire à l'écriture liée seront inscrits à l'emploi du temps quotidien. L'instituteur s'attachera à construire une progression réaliste et exigeante, il pourra s'aider de manuels dont il suivra alors rigoureusement la progression.

Dans la deuxième moitié de l'année scolaire, si tous les élèves ont commencé à marquer de l'intérêt pour les symboles, les chiffres, les lettres, l'instituteur pourra mettre en place une progression visant à apprendre à tous ses élèves le nom des lettres de l'alphabet, les minuscules scriptes et cursives seront privilégiées, on ne demandera pas à l'élève de lire ou de copier des mots entiers. Ces exercices resteront ludiques et ne feront pas l'objet d'une évaluation.

e) Calcul

Les exercices proposés en appelleront systématiquement au jeu et ne feront l'objet d'aucune évaluation formelle. Les chiffres ne seront pas écrits et le maître s'attachera à ce que l'enfant considère à la fois le nombre sous son aspect cardinal et ordinal.

– Le nombre : quantités de 1 à 10, ajouts, retraits, partages, la moitié, comparaisons, égalité.

– La comptine numérique : de 1 à 10, premier, deuxième... dixième. Avant, après.

f) Musique

L'instituteur aura, au cours de sa formation, reçu une instruction complète sur les capacités vocales et rythmiques d'un enfant de deux à onze ans. Il sera donc capable de concevoir un répertoire adapté à la tessiture et aux capacités d'articulation et de vitesse d'élocution de ses élèves. Il s'attachera à ce que tous ses élèves participent, allégeant au besoin ses ambitions. Les musiques proposées à l'écoute et à l'expression corporelle seront choisies de la même façon et respecteront une progression élaborée allant du simple au complexe.

– Comptines et chants du répertoire traditionnel ou contemporain, jeux de nourrice.

– Exercices portant sur le rythme (rythme corporel, rythme frappé, petites percussions), la pulsation (vite, lent).

– Exercices d'écoute en lien avec la progression d'EPS (expression corporelle).

– Exercices et jeux d'écoute : grave, aigu ; découvrir quelques instruments, en étudier les caractéristiques, en reconnaître le son, trier (cordes, vent, percussion).

g) Éducation motrice

Le maître encouragera les élèves qui n'auraient pas fréquenté la petite section à participer aux activités motrices pour lesquelles ils auraient de l'appréhension. Le travail moteur s'organise de plus en plus et commence à devenir collectif.

– Jeux organisés avec ou sans matériel (balles, ballons, cerceaux, anneaux, rubans, etc.), premiers jeux à règle.

– Expression corporelle, rondes, jeux dansés (voir « Musique »).

– Évolutions (marche, course, saut, ramper, grimper, quadrupédie, etc.) avec ou sans obstacles, évolutions dans un milieu moins familier (pleine nature, piscine, mur d'escalade, neige, etc.).

– Exercices d'équilibre (rouler, glisser, évoluer sur la poutre, etc.).

III. Grande section (enfants de cinq à six ans)

a) Vivre ensemble

Les enfants doivent avoir intégré l'ensemble des règles qui régissent la vie de l'école ainsi que les valeurs en usage dans notre société.

Les contes, chants et poèmes utilisés en moyenne section seront repris et complétés par d'autres visant à faire acquérir à chacun les droits et les devoirs d'un élève scolarisé.

Les causeries collectives auront pour origine non plus la vie quotidienne de la classe, mais plutôt des principes généraux. L'instituteur veillera à rester dans le strict cadre de la laïcité et le respect des valeurs familiales. Il gardera présents à l'esprit les mots de Jules Ferry (*Lettre aux instituteurs*, 17 novembre 1883) : « [...] Avant de proposer à vos élèves un précepte, une maxime quelconque, demandez-vous s'il se trouve, à votre connaissance, un seul honnête homme qui puisse être froissé de ce que vous allez dire. Demandez-vous si un père de famille, je dis un seul, présent à votre classe et vous écoutant, pourrait de bonne foi refuser son assentiment à ce qu'il vous entendrait dire. Si oui, abstenez-vous de le dire ; sinon, parlez hardiment, car ce que vous allez communiquer à l'enfant, ce n'est pas votre propre sagesse, c'est la sagesse du genre humain, c'est une de ces idées d'ordre universel que plusieurs siècles de civilisation ont fait entrer dans le patrimoine de l'humanité. Si étroit que vous semble, peut-être, un cercle d'action ainsi tracé, faites-vous un devoir d'honneur de n'en jamais sortir, restez en deçà de cette limite plutôt que de vous exposer à la franchir : vous ne toucherez jamais avec trop de scrupule à cette chose délicate et sacrée, qui est la conscience de l'enfant[4]. »

4. Cela étant dit, laïcité n'est pas neutralité. Des pères ou mères de famille racistes, xénophobes ou superstitieux, cela existe – et l'instituteur aura à cœur alors d'amener en souplesse l'enfant à acquérir des modes de pensée non manichéens.

b) Langage

Les exercices de langage oral seront combinés aux premiers exercices de langage écrit (lecture, écriture). Les exercices oraux proposés règleront d'eux-mêmes les dernières difficultés de prononciation des élèves. Les recours aux structures spécialisées (rééducateurs, orthophonistes) seront à nouveau facilités afin de garantir à tous les enfants un démarrage de l'école élémentaire efficace.

– Exercices oraux : questions très familières ayant pour objet d'apprendre aux enfants à s'exprimer nettement. Exercices progressifs portant sur la phrase, le mot, la syllabe, le phonème.

– Mémoire : récitation de poèmes, comptines, chants et formulettes.

– Lecture de contes, récits et documentaires par le maître : poursuite du travail entrepris en moyenne section. La production d'écrits personnelle ne relevant pas des compétences orthographiques d'un enfant de cinq à six ans, le maître continuera à ne demander à l'enfant que ce dont il est capable : produire à l'oral ou par le dessin un résumé d'un épisode ou une hypothèse sur la suite de l'aventure. Cet oral, remanié au besoin par le maître, sera transcrit en regard du dessin et relu à l'enfant. Au cours de l'année scolaire, l'enseignant pourra montrer à l'enfant les mots qu'il sait déchiffrer seul et l'encourager à lire le texte produit à deux voix.

– Dictée à l'adulte : le maître encouragera ses élèves à produire seuls ou en groupe de nombreux textes oraux qu'il retranscrira pour eux à l'écrit. Comme en moyenne section, il attachera ses efforts à faire acquérir à ses élèves un langage oral élaboré et correct d'un point de vue syntaxique. Ces exercices donneront lieu aux premières leçons orales de grammaire (le nom, l'adjectif qualificatif, le verbe, utiliser les pronoms, enrichir la phrase par des compléments, conjuguer correctement à l'oral, distinguer le présent, le futur, le passé) et aux premiers essais de déchiffrage dès que les élèves en sont capables.

c) Découverte du monde (leçons de choses, connaissance des objets usuels, premières notions d'histoire, de géographie)

On continuera à enrichir les connaissances de l'élève selon le principe proposé pour les plus jeunes. On pourra ajouter à l'observation du réel des documents (livres pour enfants, documentaires audiovisuels) toujours adaptés à leur âge et sollicitant leur intérêt. On s'efforcera de combiner, toutes les fois qu'on le pourra, en les rattachant à un même objet, la leçon de choses, le dessin, les éléments d'éducation civique et morale (vivre ensemble), les jeux et les chants, de manière que l'unité d'impression de ces diverses formes d'enseignement laisse une trace plus durable dans l'esprit des élèves.

On essaiera de régler, autant que possible, l'ordre des leçons sur l'ordre des saisons, afin d'encourager l'élève à reprendre hors de la classe ses habitudes d'observation, de comparaison, de jugement.

Les exercices à proposer dépendront du lieu où l'enfant évolue (ville, campagne, région). À titre indicatif, on pourra consulter le programme suivant :

– Septembre : La rentrée des classes ; la fin de l'été, ses manifestations météorologiques ; les lieux de vacances (mer, montagne, campagne), le relief.

– Octobre : L'automne, fruits et légumes, arbres à feuillage caduc ou persistant.

– Novembre : Les jours raccourcissent, l'éclairage, l'habillement.

– Décembre : Le foyer, la famille, les fêtes. Les températures, le chauffage.

– Janvier : La Nouvelle Année, mouvement de la Terre autour du Soleil. Vivre à la montagne.

– Février : Carnaval et les déguisements, l'habillement, le corps humain, l'hygiène alimentaire, taille et poids.

– Mars : La maison, la construction, les principaux matériaux, les métiers. Les abeilles, la ruche.

– Avril : La végétation. Graines, racines, tiges, fleurs, etc. Les nids d'oiseaux, les insectes.

– Mai : L'eau, ruisseau, rivière, fleuve, mer, marée, la natation. La pêche, poissons d'eau douce ou de mer.

– Juin : Les fruits d'été. Éléments de météorologie : orage, grêle, vent, arc-en-ciel. Les voyages.

d) Dessin, lecture, écriture, exercices manuels

Le dessin et le langage oral resteront le mode d'expression individuelle dominant, les compétences des élèves en écriture ne leur permettant pas de s'exprimer par écrit. L'écriture liée sera enseignée, les premières bases de la lecture alphabétique seront posées. Si toutefois certains élèves s'essayaient à l'écriture personnelle de quelques mots, le maître réécrirait les mots en regard de la production de l'enfant, afin de lui en signaler l'orthographe normale.

Les dessins libres céderont peu à peu le pas aux dessins relatant un événement ou rendant compte d'une observation, sans toutefois être supprimés. La dictée à l'adulte deviendra de plus en plus collective, le maître s'attachant à ce que tous ses élèves participent à l'activité.

Les exercices manuels que l'enfant maîtrise mieux maintenant feront l'objet d'une seule séance hebdomadaire plus longue. On pourra commencer à proposer des exemples tirés d'œuvres reconnues dont il ne sera pas demandé de copie. L'enseignant s'attachera à proposer systématiquement un atelier portant sur les volumes (modelage, collage, etc.) afin que l'élève commence à percevoir et représenter le monde en trois dimensions.

Le maître concevra une progression qui mènera tous ses élèves à l'écriture liée normalisée. Il s'aidera au besoin d'un manuel dont il suivra rigoureusement la progression. En fin d'année, l'enfant sera capable de copier sur un cahier Seyes agrandi ou à double interligne une phrase d'une dizaine de mots en respectant les caractéristiques de chaque lettre. L'étude des majuscules de l'écriture cursive ne fera pas l'objet d'un apprentissage.

Au cours de l'année scolaire, par des exercices progressifs quotidiens, le maître amènera tous ses élèves à reconnaître les lettres de l'alphabet, à lire des syllabes simples (consonne + voyelle et voyelle + consonne) et à commencer à déchiffrer des mots composés de ces syllabes.

Si cependant un ou des élèves montraient une curiosité précoce pour l'apprentissage de la lecture et de l'écriture[5], le maître pourra constituer avec eux un sous-groupe auquel il apprendra à déchiffrer et à écrire – les deux actes étant au fond indissociables. Le principe de « niveaux » divers dans une même classe ne doit plus être un tabou. De même

5. De nombreux maîtres interrogés expliquent que leurs élèves de GS « entrent dans l'écrit » au cours de l'année, mais avec des aptitudes et des capacités fort diverses, qui peuvent d'ailleurs s'exprimer d'un coup (le fameux « déclic ») ou rester enfouies. Il est donc essentiel à la fois d'être attentif aux désirs des enfants, et de ne pas leur en demander trop. Certains instituteurs SLECC commencent les divers exercices de calcul (y compris la division...) dès la GS, avec des résultats satisfaisants : mais c'est peut-être là plus une question de formation des maîtres que de capacités des enfants, ces dernières étant en moyenne bien plus considérables que ce que l'on s'est ingénié à croire. Voir sur ce sujet ? http://www.slecc.fr/sources-slecc/documents/reflexion/maths/division-gs_cp.pdf.

l'idée qu'un élève intellectuellement précoce puisse acquérir en GS l'ensemble des capacités programmées pour le CP – et puisse en conséquence passer directement en CE1. Le redoublement doit être l'exception, tout au long du cursus scolaire, et le saut de classe aussi – mais il serait inconséquent de s'interdire l'un ou l'autre.

e) Calcul

Les exercices de calcul seront programmés quotidiennement sur l'emploi du temps. Le maître s'attachera à proposer des exercices portant sur des nombres concrets en respectant une progressivité stricte.

– Premiers éléments de la numération orale et écrite : lire et écrire les nombres jusqu'à 30, réciter la comptine jusqu'à 69, groupements par dix.

– Écrire les chiffres selon la norme. Désigner une collection par un nombre.

– Exercices d'ordre. Nombres ordinaux.

– Comparer des collections. Égalité.

– Calcul mental sur les dix premiers nombres : ajouter, retrancher, partager en deux, la moitié, donner deux à chacun, le double.

– Comparer des longueurs, des sommes de monnaie, des capacités. Le centimètre, l'euro, le litre.

f) Musique

L'instituteur aura, au cours de sa formation, reçu une instruction complète sur les capacités vocales et rythmiques d'un enfant de deux à onze ans. Il sera donc capable de concevoir un répertoire adapté à la tessiture et aux capacités d'articulation et de vitesse d'élocution de ses élèves. Il s'attachera à ce que tous ses élèves participent, allégeant au besoin ses ambitions. Les musiques proposées à l'écoute et à l'expression corporelle seront choisies de la même façon et respecteront une progression élaborée allant du simple au complexe.

– Comptines et chants du répertoire traditionnel ou contemporain.

– Exercices portant sur le rythme et la pulsation (rythme corporel, rythme frappé, petites percussions).

– Exercices d'écoute en lien avec la progression d'EPS (expression corporelle).

– Exercices portant sur les caractéristiques du son (hauteur, durée, timbre, intensité), premier répertoire d'œuvres, d'instruments.

g) Éducation motrice

Le travail moteur est devenu collectif. L'enfant est encouragé à fournir un effort, adapter son action au milieu et au matériel, coopérer ou s'opposer au cours de jeux collectifs, organiser ses évolutions.

– Jeux avec ou sans matériel (balles, ballons, cerceaux, anneaux, rubans, etc.), jeux à règle.

– Expression corporelle, premiers essais de chorégraphie collective, rondes, jeux dansés (voir « Musique »).

– Évolutions (marche, course, saut, ramper, grimper, quadrupédie, etc.) avec ou sans obstacles, mesurer son action, comparer ses résultats.

– Exercices d'équilibre (rouler, glisser, évoluer sur la poutre, etc.), évoluer en milieu moins familier selon les possibilités locales (natation, ski, escalade, etc. [6]).

La liaison de la GS avec le CP doit donc être naturelle : on passe d'une année à l'autre, on ne saute pas dans un « grand bain » où tout changerait soudain. D'où le lien nécessaire entre maîtres de maternelle et de CP – chacune de ces fonctions étant par ailleurs autonome et requérant une formation spécifique sur le terrain.

---

6. Comme en lecture/écriture, les capacités des enfants, au même âge, sont extraordinairement diverses. On sait que des p'tits bouts de chou se lancent sur des pistes rouges sans problème, pendant que d'autres ont du mal à plier en quatre leur serviette de bain. La règle d'or doit être de proposer à tous, puis de tenir compte des différences – et de reproposer, sachant qu'une compétence non maîtrisée en septembre peut être aisément assimilée trois mois plus tard.

CLINS D'ŒIL

Je ne saurais trop saluer ici Catherine Huby, institutrice dans la Drôme, à qui ces propositions si précises, et qui témoignent si bien de l'expérience de cette institutrice remarquable doivent tout ce que l'on voudra bien y trouver d'intéressant – en particulier les propositions. Merci, Catmano !

Merci aussi à Pauline Kergomard (1838-1925), Inspectrice générale des écoles maternelles, dont *L'Éducation maternelle dans l'école* a paru chez Hachette en 1886 et a inspiré nombre de propositions ci-dessus : les préconisations d'alors rejoignent les désirs d'école d'aujourd'hui, et peuvent les informer largement. À titre d'information, les Instructions officielles de 1882 sont disponibles sur Internet (http://s.huet.free.fr/paideia/textoff/ferry1.htm), et voici un extrait, obligeamment fourni par Guy Morel et Michel Delord (voir sur son site http://michel.delord.free.fr/kergo-lect.rtf et http://michel.delord.free.fr/kergo-calc.rtf), de l'ouvrage de Kergomard – un tant soit peu plus précis que les récentes recommandations généralistes d'Alain Bentolila :

« Lorsque, à propos des petits, j'ai parlé de l'éducation physique et de l'éducation morale, des exercices manuels et de la langue maternelle, le développement logique de ma pensée m'a conduite à traiter aussi ces questions relativement aux plus grands. Il ne nous reste donc plus aujourd'hui qu'à étudier ensemble la partie du programme plus spécialement instructive, après avoir fait remarquer une fois encore que nous ne regardons l'instruction que comme élément éducatif. L'enfant arrivant dans la seconde section sera seul admis à apprendre à lire. Il aura cinq ans. De quelle méthode se servira-t-on ? Si je me laissais aller à ma pente, je dirais : La méthode m'importe peu ; qu'on me montre des résultats, et, si je demande comment ils ont été obtenus, ce ne sera que pour mon instruction et par intérêt pour une question qui me préoccupe vivement. Il est évident, en effet, que le procédé grâce auquel l'enfant apprendra à lire en peu de temps et sans fatiguer sera un bon procédé ; il est non moins évident que, le procédé étant un outil dont les directrices se servent pour enseigner à lire à leurs petits élèves, elles ont le droit de choisir leur outil, l'un pouvant leur paraître plus facile à manier que l'autre. Mais ma manière – très libérale, on l'avouera – de traiter cette question suppose, de la part des directrices, une étude comparative préalable. Si vous entrez dans un magasin pour acheter un couteau – vous voyez que j'en reviens à mon outil –, vous ne prendrez pas le premier venu ; même si le marchand vous affirme que celui qu'il vous montre est bon, vous en examinez la lame, le manche, la virole ; vous l'ouvrez, vous le fermez ; vous faites de même pour plusieurs couteaux qui vous paraissent de la même qualité, et vous ne vous décidez à faire votre choix qu'en parfaite connaissance de cause. La plupart des directrices d'école maternelle n'ont pas agi ainsi, jusqu'à présent, quant aux méthodes, faute de temps peut-être, faute d'éléments de comparaison ensuite, faute aussi de ces études raisonnées qui font naître et développent l'esprit critique. Il est vrai que ce travail de comparaison, d'autres semblent indiqués pour le faire à leur place et pour leur apporter tout prêt le résultat de leur étude : ce sont les inspecteurs, les inspectrices, les conférenciers, les écrivains spéciaux ; mais ceux-là mêmes ne veulent pas imposer un choix, ils veulent simplement le guider. C'est ce que j'essaye de faire en ce moment, en partant de ce principe : “Les enfants qui fréquentent l'école maternelle doivent être mis à la lecture le plus tard possible, pour qu'ils sachent lire le plus tôt possible.” Une grande partie des heures où l'enfant est en classe, et même une grande partie des heures de récréation sont employées à la lecture dans les écoles maternelles, et les résultats sont loin d'être satisfaisants. Cela vient de ce que les procédés de lecture n'ont pas de lien avec la méthode générale d'éducation. Ces procédés, plus ou moins factices, plus ou moins artificiels, plus ou moins routiniers et surannés, ne font pas corps avec le système éducatif. La devise si souvent mise en exergue : "Aller du connu à l'inconnu", est, sans qu'on s'en doute, mise absolument de côté, intellectuellement du moins, car je n'appelle pas "aller du connu à l'inconnu" passer de l'articulation *m* et de la voyelle *n* qui ne rappellent et ne représentent rien à l'enfant, à la syllabe *ma*, qui ne lui rappelle, qui ne lui représente rien non plus. Pour lui, en effet, dans le mot "gâteau", ce n'est pas le *g*, puis l'*â*, qui sont ses anciennes connaissances ; c'est le gâteau, saupoudré de sucre, bourré de confiture ou débordant de crème. Et cependant c'est par les sons et par les articulations qu'il a jusqu'à présent commencé son labeur intellectuel ! Pendant une période plus ou moins longue, qui varie selon sa mémoire, selon sa bonne volonté et le degré d'habileté de la directrice, il reste sur le tableau des voyelles, puis sur celui des consonnes ; enfin il est appelé à grouper les unes avec les autres, et comme, d'après la plupart des méthodes de lecture, la syllabe est la base, il reste des semaines et des mois sur ces groupements sans lien entre eux : *ma la ni tu sa tu la pa.* Il est vrai que, dans beaucoup d'écoles, l'étude de la lettre est aidée par des signes plus ou moins cabalistiques ; mais l'enfant a beau fermer ses cinq doigts et faire un mouvement de haut en bas, puis, ouvrant la main, la porter à la hauteur de sa figure comme s'il était étonné et charmé, l'articulation *m* et la voyelle *a* ne lui ouvrent pas plus d'horizon pour cela. Quand il passe de la syllabe aux mots, les étapes sont encore douloureuses ; il se trouve aux prises avec la difficulté pour la difficulté, avec l'abstraction, avec des mots dont il ne se servira jamais pendant son enfance – je parle des plus faciles – et avec d'autres qu'il ne prononcera jamais de sa vie : – cadi – silo – dogme – caleb – galiote – kyrielle – synthèse – thériaque – pneumonie – psoral – sbire – spirale – Ptolémée – spatule – scribe – scruté – Strabon – Galswinthe. Et les groupements de mots ! "Le député fidèle sera réélu à la majorité – Le rire désarme – Le ministre Fox – Booz, père d'Obed – L'antenne de la France – Le piqueur a détaché le métal de sa gangue – Le troubadour a joué de la guitare en l'honneur de sa royale maîtresse – La guimbarde a éreinté le sapajou..." Soumis à ce régime, l'enfant finit par apprendre à lire, tout le monde le concède ; mais il apprend à lire comme il apprenait naguère la table de multiplication, les départements de France, les fables ; comme il apprenait tout, en un mot : par la mémoire, dans une espèce de mort intellectuelle ; si bien que, le jour de la grande victoire, de la victoire définitive, quand il est "parti", qu'il lit couramment, aucun rayon ne vient illuminer, vivifier les pages.

Il sait lire mécaniquement ; mais “lire”, qu’est-ce, en somme, pour lui ? C’est traduire par la parole des signes et des combinaisons de signes ; ce n’est pas cueillir les pensées d’autrui pour les ajouter à son propre fonds, à son propre trésor de pensées. Nous ne chargeons pas le tableau, puisque trop d’enfants sortent encore de l’école primaire sans avoir découvert le trésor que recèle le livre. Ce trésor inconnu reste improductif… les cabaretiers vendent de l’absinthe et de l’eau-de-vie. Aujourd’hui que nous ne faisons plus chanter la table de multiplication ni les départements, aujourd’hui que nous ne nous permettons de confier à la mémoire que la poésie qui a été comprise, aujourd’hui que nous avons surtout souci d’éclairer notre lanterne, nous ne pouvons laisser l’enseignement de la lecture en dehors de cette espèce de renaissance pédagogique, et nous demandons, nous recommandons une méthode rationnelle. Nous laissons de côté la syllabe inintelligible, morte, et nous prenons pour base le langage ; il est clair comme le jour que nous ne pouvons en avoir d’autre. Comme entrée en matière d’enseignement, il faut faire parler le petit élève. Malheureusement, l’exercice de langage a beaucoup de peine à s’acclimater dans l’école. Est-ce parce qu’il n’y a pas encore de méthode tout d’une pièce, de livre tout fait là-dessus ? Je le crains bien un peu ! et pourtant ce serait si intéressant, si chaque directrice se faisait à elle-même son plan, ses exercices gradués, toujours en rapport avec le niveau intellectuel et moral de ses élèves, en rapport aussi avec leurs goûts, avec leurs habitudes, avec leur milieu ! La méthode deviendrait alors si vivante et si entraînante ! ? Nous n'en sommes pas là ; mais nous y viendrons. D'abord, nous prendrons ces petits qui ont trois ou quatre ans et que nous trouvons avec raison trop jeunes pour leur enseigner à lire, et nous leur apprendrons le nom de toutes les choses qui les entourent. “Ce sera vite fait”, dites-vous. Tant mieux ; mais j'en doute, attendu que, sans compter les termes spéciaux à chaque terroir, qui défigurent la langue française, nous sommes tous plus ou moins ignorants du nom propre de chaque chose. Dans la classe, dans la maison, dans la rue, au jardin, il y a des quantités d'objets pour lesquels le terme nous manque. Quels sont, par exemple, les enfants des écoles primaires qui pourraient nous nommer la flore environnante ? Quels sont les enfants des écoles maternelles connaissant le nom des fleurs du jardin ou du bouquet placé sur l'estrade ? Le nombre en est si restreint que nous pourrions presque dire qu'il n'y en a pas. Cet exercice de langage est donc urgent, et rien de plus facile que de le faire avec ordre et méthode. Aujourd'hui il s'agit de la classe ; demain, de la cuisine ; après-demain, du jardin. Les images aidant, les sujets abondent. Chaque mot doit être prononcé exactement, à haute et intelligible voix, scandé par syllabes : “La cham-bre, le pla-fond, l'es-ca-lier, le bureau”, “Le ga-zon, le mas-sif, le ro-sier, le pla-ta-ne, le pru-nier". Vous savez sans doute, mes chères lectrices, que, dans les écoles de certaines régions, l'étude du "vocabulaire" figure sur l'emploi du temps. C'est ce que nous demandons, mais un vocabulaire vivant, avec pièces à l'appui. Après les mots viennent les groupements de mots : "La chambre est grande. Le plafond est blanc. L'escalier est en bois. Le bureau est verni." Puis des propositions liées : "La chambre est propre, mais le plafond est noirci. L'escalier de l'estrade est en bois, celui de la maison est en pierre." Les mots représenteront des choses utiles aux enfants : "Mon lit est chaud" ou des choses qui flattent leur goût : "La pêche est mûre" ou des personnes qu'ils chérissent : "Ma mère berce mon petit frère." C'est le "connu" pour eux ; c'est l'"apprécié" ; c'est l'"aimé". Ces mêmes mots qui représentent pour les enfants des idées, ces mots groupés en phrases et traduisant des pensées à eux, faisons-les-leur maintenant envisager au point de vue de la lecture, et ceci est le second exercice préparatoire, un exercice qui viendra longtemps après le premier, quand celui-ci sera devenu tout à fait familier aux enfants. Tout à l'heure ils scandaient les syllabes ; faites-leur maintenant détacher chaque son de l'articulation à laquelle il est lié : "m-on... l-it... est ch-aud." Cette gymnastique intellectuelle plaît beaucoup aux petits esprits chercheurs, et, sans avoir vu une lettre (comprenez bien qu'il ne s'agit que du son exhalé, de l'articulation prononcée, abstraction faite de leur représentation par un signe conventionnel), sans avoir jamais vu de lettre, l'enfant décompose, épelle tous les mots qu'il a au bout de la langue. Le laboureur qui veut ensemencer son champ le tourne, le retourne de-ci de-là, partout, suivant l'expression du fabuliste, et ne confie le grain à la terre que lorsque celle-ci est bien préparée. Vous avez fait comme le laboureur, votre terre est prête. “Mon lit est chaud”, a dit l'enfant. Il a ensuite décomposé : “m-on... 1-it... est ch-aud”. C'est le moment de lui dire qu'on a fait le portrait de *m* ; le voici : *m*. On a aussi le sien ; puis *l-it*. Tout ce qu'on prononce (ou peu s'en faut) a aussi son portrait. Et dorénavant, partout où il retrouvera ces portraits, ces signes qu'on appelle des lettres et qui sont vraiment pour lui des portraits de connaissance, il les nommera, et ce sera bientôt pour lui une fête de les dessiner : d'écrire. Les combinaisons de ces portraits ou lettres représenteront pour lui des idées ; ces idées auront pour ainsi dire un corps : il déchiffrera avec entrain. Plus tard, pourra-t-il se reporter à l'époque précise où il aura appris à lire ? Eh non ! puisque la découverte de la lecture ne sera qu'un des nombreux fils dont sera tissée la trame tout entière de son esprit. En ce moment, nous sommes bien élevés au-dessus des tableaux de lecture devant lesquels se sont énervées tant de générations d'écoliers. Que nous importent les kyrielles de syllabes détachées : *ra ca ni mu* ; les mots à difficultés : *diphtongue*, *esthétique*, et le casse-tête chinois consistant à renverser l'ordre des syllabes d'un mot (cela existe) : "me-ny-no-sy", pour *synonyme* ! Comme nous sommes loin de tout ce qui est factice, empirique, décourageant ! Nous faisons découvrir la lecture à l'enfant, au lieu de la lui imposer. La torture d'aujourd'hui sera le charme de demain. Ce sont là des idées générales ; on me demandera sans doute un procédé précis. Mais je veux encore déblayer mon terrain. Je continue donc à éliminer. Quelle que soit la méthode que l'on choisira, il faut renoncer à la lecture aux cercles, qui ne donne pas de résultats, qui ne peut pas en donner. Raisonnons un peu. Les enfants restent rarement jusqu'à sept ans à l'école maternelle ; les plus grands n'ont, en général, que six ans. Un enfant de six ans rêve de papillons, disent les poètes, mais plus souvent de cabrioles dans le sable. S'il est plein de bonne volonté, s'il est ce qu'on appelle un enfant au-dessus de son âge (ce dont je ne reconnais pas l'utilité), il peut être attentif en classe, soumis à la discipline, être cité comme un élève modèle et faire l'admiration de ses petits camarades. De là à surveiller les autres et à leur donner des leçons, il y a un abîme. Oh ! je sais bien ce que l'on m'objectera : "L'enfant est fier d'avoir une responsabilité ; l'élévation à la dignité de moniteur est un excellent moyen de discipline, c'est même un moyen moralisateur." Oui, mais un moyen moralisateur dont il faut user, non pas abuser. Tout individu doit être au-dessus de ses fonctions, c'est-à-dire apte à faire plus qu'on ne lui demande. L'habituer à être au-dessous de ses fonctions, c'est l'habituer à faire les choses à moitié, à se contenter de peu, à laisser, selon l'expression vulgaire, couler l'eau. Quelles sont les qualités que doit réunir un moniteur quand il s'agit de lecture aux cercles ? Il doit d'abord savoir imperturbablement le tableau qu'il est chargé de faire lire ; il doit pouvoir le lire de haut en bas, de bas en haut, en tous sens ; il doit en comprendre tous les mots, si ce tableau est composé de mots. C'est déjà beaucoup. Si nous admettons que cet enfant de six ans, ce moniteur, doit faire lire un enfant isolé, il devra captiver l'attention de cet enfant, être lui-même attentif à ses réponses, surveiller sa prononciation, ne pas le laisser lire en perroquet. Est-ce vraiment possible ? Or la lecture aux cercles comporte plusieurs élèves devant un même tableau, quatre, cinq, six élèves ; c'est-à-dire que les difficultés se multiplient, se décuplent, pour ne pas dire qu'elles se centuplent. Ce qui deviendrait un ferment d'émulation entre les mains d'un instituteur devient un ferment de distraction, d'inattention, de désordre entre les mains d'un enfant plus âgé seulement de quelques mois que ceux qu'on l'a chargé de surveiller et d'instruire. Mais surveiller et instruire tout à la fois, c'est extrêmement difficile pour les instituteurs et les professeurs de tout ordre. L'enfant ne peut pas faire ce qu'on attend de lui. Il faut donc supprimer la lecture aux cercles ; pas demain, aujourd'hui ; pas tout à l'heure, tout de suite. La lecture aux bancs-tables, s'il y a des bancs-tables, la lecture au gradin, puisqu'il y a partout des gradins, doit donc remplacer la lecture aux cercles, quel que soit le procédé employé. Un des procédés les plus rationnels, c'est celui de la lecture et de l'écriture simultanées. C'est très facile. La directrice trace sur le tableau la lettre la plus simple. Cette lettre est l'I. les enfants la reproduisent sur l'ardoise, à l'aide d'un bâtonnet ou d'une latte d'abord, et avec le crayon ensuite ; en la reproduisant, ils en apprennent le nom : "C'est un *i*." Pour graver ce son *i* dans leur mémoire, on leur fait chercher des mots dans lesquels il se trouve : Émile, ville, bille, cerise, Paris. De la lettre *i* on passe à une autre lettre composée de lignes droites, l'M par exemple, et, aussitôt que possible, on fait composer aux enfants une syllabe, même un mot si l'on peut : MIMI les intéressera tout de suite, j'en suis sûre. Ce mot, écrit d'abord en majuscules moulées, sera reproduit en minuscules, puis en lettres courantes. Ne dites pas, dès l'abord, que ce sera trop difficile ; je n'admets pas que l'enfant soit arrêté par la lettre P par exemple (cette lettre qui lui permettra d'écrire tout de suite PAPA), puisqu'il n'est pas arrêté devant certains modèles de dessin linéaire, tels que la ligne mixte. Oh ! ce sera très mal écrit ! aussi mal écrit que sera mal dessiné ce que j'ai déjà demandé pour le dessin, mais nous n'avons pas à nous en inquiéter ; la calligraphie viendra plus tard. Ce qui nous importe pour le moment, c'est que l'enfant apprenne à lire d'une manière rationnelle, intéressante, sans procédés empiriques, et, de plus, qu'il n'apprenne à lire que des choses qu'il peut comprendre, que des mots qu'il peut prononcer. Les enfants qui auront écrit et lu le mot PAPA rentreront ravis à la maison et seront pressés d'écrire et de lire le mot MAMAN, dont la représentation leur deviendra bien vite familière ; ils le prononceront bien, ils le diviseront par syllabes (la définition de ce terme grammatical leur est tout à fait inutile, il s'agit pour eux de compter combien de fois ils ouvrent la bouche pour prononcer un mot), et, en peu de temps, ils pourront écrire et lire des phrases courtes et simples, telles que : "Papa ira à la promenade. Maman a une jolie robe", etc. Ils feront plus encore ! "Qui est-ce qui ira à la promenade ? leur demandera-t-on. – C'est papa. – Où ira votre papa ? – Papa ira à la promenade. – Qui est-ce qui a une jolie robe ? – C'est maman. – Qu'a votre maman ? (ou : Votre maman a... quoi ?) – Maman a une jolie robe. – Comment est la robe de votre maman ? – La robe de maman est jolie." Qu'est cet exercice, sinon une analyse logique, cette analyse qui est la terreur des écoliers non habitués au raisonnement ? J'insiste là-dessus, parce que ce procédé d'analyse nous conduit sans tarder à la lecture courante. Quelle est, en effet, la pierre d'achoppement de la lecture courante dans nos écoles ? C'est le manque d'intelligence de la phrase lue, c'est le défaut d'analyse.

Mais, dès que le lecteur a analysé, il a compris ; dès qu'il a compris, il s'intéresse, et, quand on est intéressé, on devient curieux d'aller plus loin, de savoir davantage. Nous ne connaissons plus les anciennes castes, mais nous ne pouvons nous empêcher de diviser la société en deux classes bien distinctes : d'un côté, il y a les gens qui lisent, ceux pour lesquels la lecture est un besoin ; et, de l'autre, ceux qui ne lisent pas, soit qu'ils n'aient pas appris à lire, soit qu'ils lisent sans comprendre. Or, dans un pays de suffrage universel, tout le monde doit lire, les hommes pour bien voter, les femmes pour pouvoir engager les hommes à bien voter. "Mais, me dira-t-on peut-être, grâce aux conseils que vous venez de nous donner, nous pourrons sans doute enseigner aux enfants les mots très usuels, les phrases très simples ; mais comment nous y prendre pour les difficultés ?" Les difficultés, il faut les laisser de côté. Nous ne voulons pour nos petits élèves que ce qui est à leur portée, car il faut que l'enfant puisse assimiler ce qu'il lit. Quand il se sera rendu matériellement et intellectuellement maître des phrases simples, c'est-à-dire quand il embrassera d'un coup d'œil toutes les combinaisons de lettres qu'on lui présentera, quand il comprendra sans effort les idées que ces combinaisons représentent, il sera armé pour vaincre les difficultés à mesure qu'il les rencontrera. "À mesure qu'il les rencontrera", car on ne le mettra plus aux prises avec des difficultés accumulées à plaisir, avec des mots et des phrases dans le genre de ceux que j'ai cités plus haut et auxquels j'ajoute : "L'élite de l'armée – Évite la rixe – Fatal, absolu, féodal, opportunité, Talmud, simulacre, fantasmagorie, héréditaire, quiproquo, mnémonique, cénotaphe, œdème, œcuménique, chlorate, spécifique, etc." Y a-t-il vraiment beaucoup de directrices d'école maternelle qui se chargeraient de donner à leur petit personnel des idées justes sur ces mots ? Quant à moi, je ne m'en chargerais pas. Si, au contraire, la directrice fait elle-même ses modèles, si elle compose ses tableaux, si elle crée, en un mot, une méthode appropriée à ses élèves, il s'en dégagera des clartés. Or c'est la clarté, c'est la lumière qui a manqué jusqu'ici. Le passage des ardoises ou du tableau noir aux livres s'effectuera sans secousse, puisque, dès les premiers jours, l'enfant aura été admis à comparer la lettre écrite à la lettre imprimée. Cette méthode est facile, disais-je plus haut, et je ne me dédis pas ; mais, soit que les directrices aient manqué d'expérience, soit que les doigts malhabiles des enfants aient enrayé les progrès, nous n'avons pas encore constaté de résultats très satisfaisants. Dans beaucoup d'écoles où l'on en a fait l'essai, des mois entiers ont à peine suffi pour apprendre quelques mots seulement, et les phrases que l'on a pu construire avec ces mots ont semblé peu variées. Il est à désirer cependant que l'enfant, dès qu'il a commencé à apprendre à lire, apprenne vite. Car il semble que tout soit donné par surcroît à celui qui lit de bonne heure et qui lit bien. Si tous les enfants de sept ans savaient lire (je ne parle pas ici des enfants des grandes villes, auxquels les générations précédentes ont légué une préparation intellectuelle latente, mais des paysans, qui, en somme, sont la masse), si tous les enfants de sept ans savaient lire couramment en comprenant ce qu'ils lisent, la tâche de l'instituteur serait extrêmement simplifiée. Le programme des écoles primaires, que nous trouvons trop chargé, deviendrait tout de suite assimilable par la majorité des écoliers ; car celui qui sait lire possède la clef qui ouvre toutes les portes du domaine intellectuel, aujourd'hui cadenassées pour le plus grand nombre. Le pays des clartés, au lieu d'être hérissé de murailles quasi infranchissables, lui est accessible ; il y entre, il le parcourt librement, et chaque jour amène sa découverte. Cherchons donc un procédé plus expéditif et tout aussi rationnel pour les directrices auxquelles le premier n'aura pas réussi. Nous partons toujours du principe énoncé plus haut. L'enfant parle. Non seulement il parle couramment, mais il est exercé à scander ses phrases en mots, ses mots en syllabes, ses syllabes en sons et en articulations (sans théorie aucune, sans définitions : Compte ce que tu dis dans "papa", "pa-pa", "p-a-p-a"). Cette préparation est indispensable ; elle est précieuse aussi et fera aller comme sur des roulettes l'enseignement de la lecture. Elle devra invariablement précéder chaque exercice de lecture. Notre matériel se composera :

1° de lettres mobiles, une petite provision pour chaque enfant et la provision de la directrice ; ces lettres, ce sera d'abord l'alphabet complet ; puis les sons composés : *ai*, *an*, etc. ; puis les articulations composées, *ch*, *gn*, etc. ; ensuite la 3e personne du singulier du verbe *être* au présent, qui arrête longtemps les enfants, *est* (il sera entendu que, lorsqu'il trouvera ensemble ces trois lettres composant à elles seules un mot, il les prononcera ainsi qu'il est impossible de les décomposer) ; enfin l'article simple pluriel ou le pronom personnel *les*, l'article contracté *des*, la conjonction *et*, etc ; 2° des cartons sur lesquels ces lettres, ces sons simples et ces sons composés, ces articulations simples et ces articulations composées, et les quelques mots à difficultés que nous avons cités, seront imprimés comme sur les cartons du loto traditionnel ; 3° de composteurs ou cadres en nombre égal à celui des enfants, sur lesquels chacun pourra composer des mots. (Ces composteurs ne sont pas indispensables et l'exercice peut, à la rigueur, se faire sur les tables, mais ils seraient très utiles.)

« 1er EXERCICE. La directrice. – Mes enfants, dites-moi chacun votre prénom. Les enfants. – Amélie, Albert, Caroline, Émile, Octave, Michel, André, Gustave, Ferdinand, Louis, Marie, Catherine, Gabrielle, René, Isidore, Pierre, Paul, Jeanne, Jacques, Ursule, etc. La directrice. – Maintenant, dites-moi chacun – l'un après l'autre, s'entend – votre nom, c'est-à-dire celui de votre famille. (Il est probable que beaucoup des lettres de l'alphabet, sinon toutes, seront représentées.)

« 2e EXERCICE. Il y a des prénoms beaucoup plus usités que d'autres : Marie, Pierre, Jean et Jeanne. Il est très probable que plusieurs enfants de l'école ont le même nom. On commence par le plus usité, s'il est simple. La directrice. – Que toutes les petites filles qui s'appellent Marie lèvent la main. Encore une fois. Maintenant prononçons tous bien distinctement ce nom : Marie. Coupons-le : Ma-ri-e. Décomposons-le tout à fait M-a-r-i-e (les enfants feront plusieurs fois cet exercice collectif de décomposition, sans crier, puis séparément, surtout ceux qui sont les plus lents à comprendre). La directrice. – Voulez-vous voir maintenant le portrait de M ? Le voici, ces portraits s'appellent des lettres ; voici la lettre M. Cherchez le M dans vos lettres, montrez-le ; c'est bien. Voyez s'il y a encore des M, cherchez-les ; mettez-les tous devant vous sur la table (ou dans le composteur). Comptez-les. Combien y a-t-il de M (ce sera un moyen de contrôle ; la directrice aidera celui qui ne les a pas trouvés, ou le fera aider par son voisin, plus éveillé et plus expéditif) ? Y a-t-il d'autres enfants dont le nom commence par un M ? – Michel, Marguerite, Madeleine, Marthe. – Quand votre maman vous fait des chemises, des mouchoirs, des bas, elle les marque, elle y met un M. Regardez vos mouchoirs, sont-ils marqués ? – Oui ? c'est bien. – Non ? il faudra demander à votre maman d'y mettre un M.

Le même exercice se reproduira pour tous les noms. Et nous arrivons à celui-ci : Catherine, quelle est la première lettre, l'initiale de ton prénom ? et la tienne, Jean ? et la tienne, Louise ? et la tienne, Pierre ? etc.

« 3e EXERCICE. La directrice.– Voulez-vous maintenant que nous cherchions tous les portraits, toutes les lettres qu'il nous faut pour composer et pour lire Marie. Nous avons dit Ma-rie. Cherchons *a*, cherchons *r*, cherchons *i*, cherchons *e*. Mettons-les à côté les unes des autres, ces lettres, et lisons : Marie. Cherchons encore tous les M, tous les *a*, tous les *r*, tous les *i*, tous les *e*. Combien y en a-t-il de chacun ? Combien de fois pouvons-nous écrire Marie ? Écrivons-le autant de fois que nous pourrons. C'est fait. Maintenant brouillez toutes les lettres. C'est fait (aux trois ou quatre plus lambins “Composez le nom Marie”).

« 4e EXERCICE : Le jeu du loto alphabétique. Chaque enfant a son carton ; chaque enfant a son sac de lettres. La directrice tire, appelle ; les enfants marquent. à la seconde partie, un enfant tire, appelle ; autant de parties, autant d'enfants tirent, appellent à leur tour, de manière qu'au bout de la semaine chacun y a passé.

« 5e EXERCICE. Les enfants ont toutes les lettres devant eux. La directrice.– Composez Marie, Louis, Michel, Antoine, Charles, l'un après l'autre tous les noms des enfants.

« 6e EXERCICE. La directrice (qui a préalablement préparé une liste, pour empêcher l'exercice de languir, ce qui est tout à fait important). – Cherchons des noms d'animaux : poule, cheval, fourmi, chèvre, lapin, mouton, vache, âne, lion, sole, sardine, pinson, merle, etc. Exercice de prononciation, de décomposition en syllabes, en sons et articulations ; composition du mot, toujours d'après le procédé cité plus haut. La directrice. – Que fait la poule pour faire naître ses poussins ? – Elle couve. Exercice d'invention : "La poule couve." Exercice de décomposition en mots : "La – poule – couve" (combien de mots ? comptons-les) ; décomposition en syllabes, en sons et articulations. Composition des mots. Faire une phrase sur chacun des mots suivants (une ou plusieurs, car la poule elle-même en aurait donné de très simples comme orthographe) : "La poule a un bec", "La poule a des plumes", " La poule a des ailes". "Le cheval a du poil", "Le cheval porte le sac de blé", etc. Cet exercice se renouvellera pour les fruits, pour les fleurs, pour tout ce que l'enfant connaît et aime. Les petites difficultés de pluriel, de lettres inutiles et de redoublement seront vite vaincues, d'autant plus vite qu'on ne s'y arrêtera pas. Exemple : "André a bu du lait de notre vache brune." La prononciation, qui aura été soignée, aura indiqué à l'enfant que *lé* doit être écarté. Restent *ei* ou *ai*, on choisit ce dernier ; le *t* final pourrait être supprimé ; mais la laiterie, alors ?... C'est pour nous rappeler qu'il y a une laiterie qu'on met un *t* à la fin du mot.

« Les enfants sachant bien lire, il semblerait que la tâche fût terminée. Il me reste cependant un sujet à traiter : c'est le choix des livres de lecture courante. Quelque rationnel que soit le procédé employé pour enseigner à lire, l'enfant aura pris de la peine pour apprendre ; il aura fait, en tout cas, un petit effort d'attention. Cet effort, renouvelé tous les jours, représente, pour lui, une réelle somme d'efforts dont, en bonne justice, il doit recevoir le prix. S'il allait se dire : "À quoi bon ?" ou : "Si j'avais su !" il se produirait certainement un arrêt de sa bonne volonté, qu'il est du devoir de l'éducateur d'empêcher. Rien de plus facile, d'ailleurs ; il faut simplement que ce qu'il lit l'intéresse, l'empoigne, soit en l'émouvant, soit en l'amusant. Or, si je feuillette la plupart des livres que l'on met entre les mains des enfants, si j'en regarde seulement les titres, je suis tristement persuadée que nous sommes loin de ce résultat ; sans parler des livres liturgiques ou théologiques absolument inintelligibles, et en ne considérant que les livres écrits pour les écoles, je constate que la plupart sont trop sérieux, trop pédagogiques dans la forme, peu propres à servir d'aliment à l'imagination des petits lecteurs (l'imagination ! un trésor dédaigné, calomnié !), impuissants à exciter en eux la générosité, le dévouement, l'enthousiasme, incapables de les faire pleurer et de les faire rire. Tout cela est morne, et l'enfant est morne lui aussi. Je vous en prie, mes chères lectrices, ne "prenez" pas un livre, choisissez-le ; mais, pour faire un choix, il faut comparer, juger ; pour bien choisir, il faut vouloir, comme je le veux moi-même, que l'enfant vive, qu'il vibre, qu'il soit gai, qu'il soit heureux. On nous objectera que l'est (l'orient) s'écrit de la même manière mais se prononce différemment. Mais ce mot est rarement usité dans la littérature enfantine. Le petit apprenti lecteur a le temps de devenir ouvrier avant de le rencontrer. »

Remerciements

Merci à toutes celles et à tous ceux qui, à fil de blog (http://bonnetdane.midiblogs.com), m'ont, parfois à grands coups d'invectives, donné tant de conseils et de suggestions. J'ai écouté les uns et les autres, et si je n'ai pas toujours obtempéré, cela ne tient qu'à ma propre obstination, ou à mes insuffisances.

Merci plus particulièrement à Christian Biet, Véronique Blanc-Blanchard, Michel Delord, Françoise Guichard, Catherine Huby, Véronique Marchais, Claire Mazeron, Guy Morel.

Merci enfin à P. H. et à M. S., trop officiels pour que je les nomme, mais qui se reconnaîtront. Avec toute ma gratitude.

Table des matières

Composition et mise en pages : Facompo, Lisieux

CET OUVRAGE A ÉTÉ ACHEVÉ D'IMPRIMER
SUR ROTO-PAGE
PAR L'IMPRIMERIE FLOCH À MAYENNE
EN MARS 2008

N° d'impression : 70616
Dépôt légal : mars 2008

Imprimé en France